『 하나님이여 사슴이 시냇물을 찾기에
갈급함 같이 내 영혼이 주를 찾기에 갈급하니이다

내 영혼이 하나님 곧 살아 계시는 하나님을 갈망하나니
내가 어느 때에 나아가서 하나님의 얼굴을 뵈올까

내 영혼아 네가 어찌하여 낙심하며 어찌하여
내 속에서 불안해 하는가 너는 하나님께 소망을 두라
그가 나타나 도우심으로 말미암아 내가 여전히 찬송하리로다 』

(시편42:1~2,5)

"날마다 하늘의 양식"

BIBLE TALK

2

이정두 지음

인더바이블

목차

프롤로그

매일 아침 묵상 글을 쓴지 벌써 8년이라는 시간이 지났습니다. 바쁜 일상을 살아가는 성도들에게 영의 양식을 조금이라도 쉽고 깊이 이해할 수 있도록 드리고 싶었고 믿음 없는 분들에게 하나님을 소개해주고 싶은 마음으로 시작한 묵상 글입니다.

매일 글 쓰는 것이 쉬운 일이 아니지만 묵상하는 일은 자연스러운 일이기에 솔직하고 담백하게 마음을 나누고 있습니다. 아침 묵상 글을 받는 분이 또 다른 분에게 소개를 해주시고 또 받은 글을 다른 분들에게 나눠주심으로 지금은 얼마나 많은 분들이 바이블톡으로 묵상하는지 알 수 없지만 SNS와 인터넷 세상을 채우고 있는 어둠 가운데 빛을 비추는 일을 하고 있다는 것 자체에 감개무량할 따름입니다.

저 또한 말씀이 육신이 되어 이 땅에 오신 예수님을 매일 만나며 내 안에 계신 성령님의 일하심으로 묵상할 수 있었습니다. 작은 일상에서 보게 하신 영적인 재료로 맛있게 말씀을 취할 수 있었음을 고백합니다. 바이블톡을 통해 다시 복음으로, 다시 여호와께로 돌아오는 놀라운 기적이 일상이 되는 그 날을 고대합니다.

2017년 말씀 묵상집 〈바이블톡 1권:동행편〉을 출판한 이후 5년 만에 2권을 출판하게 되었습니다. 원고는 2년 전에 이미 탈고되었으나 코로나19로 인해 미뤄지다 이제야 빛을 보게 되었습니다.

어느 날 갑자기 찾아온 코로나 바이러스로 인해 우리의 일상이 모두 멈춰지게 되었습니다. 교회의 문이 닫히고 비대면으로 예배를 드리는 일은 그 누구도 상상하지 못했던 일입니다. 그 일이 우리에게 일어났습니다. 극복해야 할 일이 아닙니다. 회개의 자리로 나아가야 할 일입니다. 내 신앙을 점검하고 하나님과의 관계를 돌아보아야 합니다.

하나님 약속의 성취가 성큼 우리에게 다가오고 있다는 사실을 깨달을 수 있어야만 합니다. 이제는 코로나 이전으로 돌아가는 것이 아닌 그리스도를 인격적으로 처음 만났던 그 처음 마음으로 돌아가는 진짜 회개와 회복이 있어야만 합니다. 다시 오실 그리스도를 향한 예비됨, 준비됨, 신부됨의 영성으로 돌아가야 할 때입니다.

자신의 삶을 자신의 바이블톡으로 묵상할 수 있는 날이 속히 오기를 기대합니다. 매일 말씀의 양식을 먹고 우리 마음과 생각, 시선과 중심에 오직 십자가를 세우며 순결한 신부의 모습으로 돌아가야 할 때입니다.

"오라 우리가 여호와께로 돌아가자 여호와께서 우리를 찢으셨으나 도로 낫게 하실 것이요 우리를 치셨으나 싸매어 주실 것임이라" (호세아 6:1)

김포 풍무동에서
이정두 목사

1. 기대편

시작이라는 기쁨

매년 1월 1일이 되면 새로운 해가 뜹니다. 많은 사람들이 새해 첫 날, 일출을 보기 위해서 이곳저곳을 향해 수고를 아끼지 않고 부지런히 찾아갑니다. 성도들은 늦은 시간 모두 교회에 나와 송구영신예배를 드리며 새해를 맞이합니다.

그런데 따지고 보면 작년과 올해의 날이 크게 다르지 않습니다. 해의 크기와 모양의 차이도 없습니다. 어제가 지나고 오늘이 되는 것과 같이 다른 날과 비교해서 그리 특별한 것도 없습니다. 같은 시간의 흐름입니다.

하지만 우리의 마음에는 다름이 있습니다. 다름을 넘어 특별함이 생깁니다. 무언가 다시 시작할 수 있다는 마음이 주어집니다. 희망을 넘어 소망의 마음이 가득해집니다. 기대와 기쁨이 머금어집니다. 과거의 아픔과 실패, 어려움을 극복해야겠다는 마음, 다시 새로워질 수 있다는 마음, 다시 출발해보고자 하는 마음이 한껏 생겨납니다.

하나님은 세상을 창조하시면서 '저녁이 되고 아침이 되니 이는 첫날이라.'고 선포해주셨습니다. 매일처럼 해는 뜨고 집니다. 똑같은 일상입니다. 그럼에도 불구하고 우리에게 밤이 찾아와 하루를 마무리하게 하고 빛이 찾아와 하루를 다시 시작하게 하시는, 지난날을 마무리하고 새로운 날을 맞이하게 해주시는 이유가 있습니다.

나아질 것 없이 늘 반복되는 내 모습, 매번 같은 곳에서 넘어지는 연약함, 채우고 채워도 늘 느끼는 부족함을 뒤로하고 다시 새롭게 살아갈 수 있는 시간을 주시는 것입니다.

상처와 아픔이 하루를 지나 다시 새롭게 마음을 고쳐먹을 수 있는 시간, 분노와 억울함을 뒤로 하고 마음을 단단히 할 수 있는 시간, 지친 몸과 마음이 회복될 수 있는 시간, 하루 차이로 지난해와 올해의 경계선을 넘어가며 새롭게 다짐하고 돌이킴으로 시작할 수 있는 시간을 주시고자 하는 것이 하나님의 마음입니다.

예수님이 이 땅에 오신 이유도 같습니다. 죄로 인해 죽을 수밖에 없는 나, 죄로 인해 쾌락과 정욕의 종노릇하며 살아가는 나, 소망 없이 매일 똑같은 일상 가운데 생계만을 위한 삶을 반복하며 살아가는 나, 어디에서 와서 왜 살며 어디로 가는지 알지 못하며 살아가는 나를 새롭게 해주시기 위함입니다.

예수님을 알지 못하던 어제와 예수님을 알게 된 오늘과의 선명하고 분명한 차이인 새로움을 주시기 위함이었습니다.

매년 마지막 시간 모든 사람들이 카운트다운을 외치고 서로를 바라보고 끌어안으며 소망을 가졌던 이유는 어제와 다른 오늘과 내일을 살아가기 원하며 기대하는 마음일 것입니다.

십자가를 통한 하나님의 은혜와 예수님의 사랑으로 죄가 해결되는 것 없이 우리가 아무리 큰 소망을 품고 새로워지기 위해 발버둥 치며 애써도 쾌락, 소유, 과시만을 향하며 아무리 채워도 만족함 없는 영원한 갈증만 견디며 살 수밖에 없게 됩니다.

새해가 오기에 새로워지는 것이 아닙니다. 예수 그리스도가 우리 죄를 해결해주셨다는 것을 믿는 것만이 죄의 종에서 하나님의 자녀로 신분 자체가 변화되고 진정한 새로움과 소망을 경험하게 합니다. 어제보다 나은 오늘, 오늘보다 나은 내일을 기대하게 합니다.

우리에게 늘 새로움이라는 기쁨과 역동적 삶을 살게 하심에 감사하며
기대하는 오늘 되시기를 예수 그리스도의 이름으로 기도드립니다.

"그러므로 우리가 낙심하지 아니하노니 우리의 겉사람은 낡아지나
우리의 속사람은 날로 새로워지도다 우리가 잠시 받는 환난의 경한
것이 지극히 크고 영원한 영광의 중한 것을 우리에게 이루게 함이
니 우리가 주목하는 것은 보이는 것이 아니요 보이지 않는 것이니
보이는 것은 잠깐이요 보이지 않는 것은 영원함이라"
(고린도후서 4:16-18)

BIBLE
TALK

잊지 말아야 할 것

방송국에서 녹음을 마치고 교회로 가기 위해 지하철을 탔을 때 깜짝 놀란 일이 발생했습니다. 어떤 할아버지가 너무 크게 넘어졌기 때문입니다.

할아버지의 등이 바닥에 닿으면서 들린 철퍼덕 소리는 이어폰으로 찬양을 듣고 있었음에도 시선을 끌었고 지하철을 타고 있던 모든 사람들을 놀라게 하고도 남을 정도였습니다. 주변에 있던 사람들이 할아버지를 부축해 자리에 앉혀 드렸습니다. 어떤 아줌마는 할아버지에게 어디서 내리는지를 물었습니다. 돕는 사람이 많아 중보기도만 했습니다.

몇 개의 역을 지나쳐 할아버지가 내려야 할 역인데 도와주려고 했던 사람들은 이미 다 내린 상태고 할아버지 옆에는 아무도 없었습니다. 약속시간이 빠듯했지만 도와야한다는 마음을 주셔서 그 옆에 서서 할아버지에게 여쭤보았습니다. "어르신, 어디서 내리세요? 제가 도와드려도 될까요?" 할아버지는 기다렸다는 듯이 감사해하며 제 팔을 잡으셨습니다.

다리에 힘이 들어가지 않는 것 같았습니다. 겨우 부축해 내려서 역 의자에 앉혀드렸습니다. 그냥 가라고 하는 할아버지를 보며 그냥 가서는 안될 것 같은 마음이 들었습니다. 할머니에게 연락하실 것을 말씀드리고 역무원에게 긴급전화를 했습니다. 그리고 역무원에게 119에 신고를 할 수 있도록 넘어지신 상황을 자세히 설명해 드렸습니다. 할머니와 119구급대가 오면 목격자로 자세히 설명 드리겠다고 하며 기다렸습니다.

마침 그곳에는 CCTV가 없었기에 목격한 것을 언제든 설명드릴 수 있다고 말씀드리며 보험처리의 가능여부까지 묻고 구급대원과 함께 떠나는 것을 보고난 후 다시 지하철을 탔습니다. 알고 보니 91살이신 국가유공자 어르신이었습니다. 돕는 마음을 주신 하나님께 감사하고 무언가 도움이 될 수 있었다는 것에 기뻤습니다. 하지만 그때까지는 몰랐습니다.

따스한 마음으로 제자훈련을 받는 권사님께 늦어진 자초지종을 설명하다가 순간 깨닫게 됐습니다. 그 분에게 선을 베풀었지만 복음을 전하지 않았다는 사실입니다. 기쁜 소식, 하나님의 사랑을 전할 수 있었음에도 순간 나도 모르게 내가 생각했던 선(善)만을 실천했던 것입니다.

순간적으로 찾아오는 낙심과 절망, 급작스럽게 찾아온 질병과 실패가 찾아올 때 우리는 무언가 어떻게 해보려고 할 뿐 하나님을 찾지 않게 됩니다. 모든 것을 주관하시는 분이 하나님이며 우리의 기도를 절대적으로 들어주신다는 것을 잊어버립니다. 늘 기도해야하고 깨어 살아가야할 이유입니다.

하나님이 우리의 하나님임을 기억하며 기도하며 기대하는 오늘 되시기를 예수 그리스도의 이름으로 기도드립니다.

"제자 중에 또 한 사람이 이르되 주여 내가 먼저 가서 내 아버지를 장사하게 허락하옵소서 예수께서 이르시되 죽은 자들이 그들의 죽은 자들을 장사하게 하고 너는 나를 따르라 하시니라" (마태복음 8:21-22)

혼자가 아닙니다

인생을 어느 정도 살아보면 마음으로 알 수 있는 것이 있습니다. 우연이라는 것은 없다는 것입니다. 좋은 일도, 그렇지 못한 일도 언젠가 심었던 것의 열매라는 것입니다.

하나님이 없다고 말하는 사람들은 이 세상이 빅뱅과 같은 일로 우연히 생겼다고 말하기는 하지만 이 또한 믿어지기는 어렵다는 것을 마음으로는 알고 있습니다. 하나님의 존재 증거를 과학적, 감정적, 팩트로 알지 못할 뿐이지 없다고는 분명하게 얘기할 수 없을 것입니다.

사도 바울은 하나님이 우리에게 양심이라는 것을 주셨기 때문에 하나님을 정확히는 모르지만 그래도 있다는 것을 알게 될 것이며 앎에도 믿지 않는 것은 훗날 양심이 증거가 되어 판단하실 것임을 성경 곳곳에 기록해놓았습니다.

분주하게 열심히 살아감으로 희미하게나마 알고 있던 하나님이 없는 것처럼 여겨지게 되는 것은 결국 하나님이 주신 양심을 내 것처럼 사용하고 있거나 그 양심을 무시하며 살고 있는 것입니다.

살아있는 아버지에게 유산을 받아 세상에 나가 내 마음대로 살아가며 인생을 탕진하고 소비하는 것과 다름이 없습니다. 열심히 살아도 방향이 잘못되면 쓸모없는 것이 될 뿐 아니라 다시 돌아가는 수고를 해야만 합니다.

뿌리 없는 식물은 자랄 수 없고 살아갈 수조차 없습니다. 우리 눈에는 그런대로 연명하는 것처럼 보이지만 실상은 죽어가고 있는 것입니다. 영혼의 메마름입니다.

지금 하나님을 믿지 않는 사람, 교회에 나가지 않는 사람이더라도 조용한 곳에 가서 무릎 꿇고 하나님을 찾고 마음을 고백하면 금세 알 수 있게 되는 일입니다. 하나님 앞에서 행한 일들을 회개하고 안타까워하며 눈물이 앞을 가리게 될 것입니다.

우리는 하나님을 알지 못해도 하나님은 우리를 알고 계십니다. 우리를 만드신 분이 하나님이기 때문에 나 자신보다 나를 더 잘 알고 계신 유일한 분입니다. 그 이름을 부르고 믿음의 고백을 하는 순간부터 우리 가운데 와 주십니다.

자녀가 말을 듣지 않는다고 '될 대로 되라. 밥을 먹든지 말든지 마음대로 해라. 네 인생이지 내 인생이냐!'라며 홧김에 얘기는 할 수 있지만 마음의 문을 닫고 자녀의 존재를 잊는 부모는 없습니다.

혼자라고 느낄 때가 있으신가요? 외롭고 고독하신가요? 외로움으로 견딜 수 없는 존재의 가벼움을 경험하고 계신가요? 지금 상황을 견디기 힘드신가요? 팩트가 아닌 감정일 뿐입니다.

우리가 하나님의 이름을 부르는 이상 하나님은 우리를 고아와 같이 버려두지 않으십니다. 우리에게 속히 와주시고 지금도 함께 하고 계십니다. 우리의 삶은 혼자가 아닙니다. 성령 하나님이 늘 함께 해주시는 삶입니다. 어디를 가도 무엇을 해도 동행해주십니다. 이것이 진짜 팩트입니다.

이제는 내가 하나님과 동행하는 일만 남았습니다. 하나님의 이름을 부르고 마음을 고백하는 선택과 결단만 남았습니다. 외로움이 아닌 동행함의 풍성함을 기대하며 살아가는 오늘 되시기를 예수 그리스도의 이름으로 기도드립니다.

"그는 진리의 영이라 세상은 능히 그를 받지 못하나니 이는 그를 보지도 못하고 알지도 못함이라 그러나 너희는 그를 아나니 그는 너희와 함께 거하심이요 또 너희 속에 계시겠음이라 내가 너희를 고아와 같이 버려두지 아니하고 너희에게로 오리라"
(요한복음 14:17~18)

BIBLE
TALK

깊은 기도가 필요합니다

일상의 기도, 쉬지 않고 하는 기도는 매우 중요합니다. 하나님과의 친밀함을 누리는 것이기 때문입니다. 시간을 정해 은밀한 곳에서 깊게 기도하는 것 또한 매우 중요합니다. 반드시 깊이 있게 기도하는 시간을 가져야만 합니다.

흙탕물이 물과 흙으로 구분되어 맑게 되기 위해서는 기다려야 합니다. 오랜 시간이 걸립니다. 기도도 같습니다. 오랜 시간 하나님 앞에 머물러 기도할 때 무엇이 옳고 그른지가 분별되게 됩니다. 나를 위한 기도인지, 하나님의 뜻을 향한 기도인지를 빛 가운데, 친밀함 가운데 분별 할 수 있게 됩니다. 욕심이 담겨 있는 것인지 믿음으로 기도하는 것인지를 알게 됩니다. 분별없이 방향을 정할 수 없습니다. 방향 없는 열심과 열정은 되돌아오는 수고만 더할 뿐입니다.

기도는 하나님과의 소통임으로 짧은 기도는 내 것을 이야기하는 것에 그칠 수밖에 없습니다. 까페에 앉아 서로 이야기하고 듣다보면 시간이 훌쩍 지나가는 것처럼 하나님과 대화하다보면 자연히 오랜 시간 깊은 기도를 하게 되는 것입니다.

교만에서 겸손으로, 원망에서 감사로, 맹목적인 것에서 믿음으로, 나밖에 모르던 사람의 시선이 이웃을 향하게 됩니다. 나도 모르게 변해가게 됩니다. 예수님을 닮아가게 되는 것입니다.

하나님이 부어주시는 사랑을 드디어 맛보게 됩니다. 주변 상황에 관계없이, 어떤 것에도 주신 사랑, 기쁨을 빼앗기지 않는 힘이 생기게 됩니다. 좁은 길, 옳은 길, 이름 없고 인정받지 못하는 그 길을 걷게 되는 것입니다. 하나님이 주시는 그 사랑이 얼마나 크고 놀라운지를 경험했기 때문입니다.

아무리 분주해도 시간을 정해 기도해야 하는 이유입니다. 아침, 저녁으로 잠을 줄이고 기도합니다. 때로는 점심시간에 기도의 시간을 갖습니다. 내 패턴을 끊고 하나님이 주관하실 수 있도록 해야 합니다. 삶의 주도권, 삶의 중심을 하나님께로 옮겨오는 일입니다. 그래야만 기도의 주도권, 중심도 온전할 수 있습니다.

기도는 내 뜻이 아닌 하나님의 뜻을 구하는 것입니다. 하나님의 뜻, 때, 방법을 구하는 일입니다. 하나님의 주권을 인정하는 일입니다. 나에게서 하나님에게로 시선과 중심을 옮겨오는 일입니다. 그리고 자녀로서의 권세를 누리고 자유함을 누리는 일입니다.

깊이 하나님을 만나는, 기대함이 넘쳐나는 오늘 되시기를 예수 그리스도의 이름으로 기도드립니다.

> "가라사대 아버지여 만일 아버지의 뜻이어든 이 잔을 내게서 옮기시옵소서 그러나 내 원대로 마옵시고 아버지의 원대로 되기를 원하나이다 하시니" (누가복음 22:42)

준비하라

예수님은 예루살렘에 입성하실 때 제자들에게 준비된 나귀를 구해올 것을 말씀하셨습니다. 유월절이 되고 마지막 만찬하기 앞서 빈방이 없을 때에도 예수님은 준비된 곳을 찾을 것을 말씀하셨습니다.

예수님이 예루살렘을 입성하기 위해 준비되어진 어린 나귀, 마지막 만찬을 위해 준비된 방을 내어준 사람의 이름은 성경에 기록되어 있지 않지만 하나님의 계획을 이뤄 가시는 과정 가운데 반드시 필요한 것은 준비되어 있는 '사람'입니다. 내어드릴 수 있는 사람이 필요한 것입니다.

하나님의 존재를 모르다가 어느 순간 하나님을 알게 되는 만남을 경험하는 사람도 있고 하나님을 알고만 있다가 하나님을 주님으로 인정하고 믿게 됨을 경험하게 되는 사람도 있습니다. 이러한 만남을 '인격적인 만남'이라고 합니다.

만남은 기쁜 일이지만 제멋대로 살던 시간만큼, 그 세월이 깊은 만큼 동행함에 많은 어려움을 겪게 됩니다. 그럴 때마다 나도 모르게 "하나님, 여기까지만요." 주변에서도 말합니다. "너무 깊게 믿지는 말아야 한다." 그래서 많은 사람이 내 계획과 허락되어질 수 있는 범위와 한계를 정한 체, 인격적 만남이 없는 종교생활을 하고 있습니다.

언제든 주님이 내게 찾아오셔서 "내가 너를 필요한 곳으로 보내겠다."고 말씀하신다면 놀라실 분들이 많을 것입니다. 내가 제일 사랑하는 자녀를 보시며 "내가 네 자녀를 불러 쓰겠다."고 말씀하신다면 절망하실 분도 있을 것입니다.

예수를 그리스도로 믿는다는 것은 내 것이 없는 인생이 되는 것입니다. 내 것이 하나 있다면 그 십자가를 지고 예수님께 나아오는 인생이 되는 일입니다. 예수님을 따라 걷는 삶인 것입니다. 보여주시고 알려주신 진리의 길을 따라 생명을 다해 걸어내는 것입니다. 성령님과 인격적으로 연합된 믿음의 삶입니다.

우리가 준비된다면 하나님은 이미 마련해놓으신 계획을 우리와 함께 한 걸음씩 옮기실 것입니다. 어제나 오늘이나 영원토록 일점일획 변함없이 우리에게 주신 그 약속을 이행하실 것입니다. 부르심에 응답할 준비가 되어 있습니까? 응답하심 자체로 감사와 감격이 있는 삶을 살고 있습니까? 그렇다면 동행하고 있는 삶이고 그렇지 않다면 준비되어 있지 못한 삶입니다.

부르심에 준비된 삶, 인격적 만남을 기대하며 준비하는 오늘 되시기를 예수 그리스도의 이름으로 기도드립니다.

> "그리하면 자리를 펴고 준비한 큰 다락방을 보이리니 거기서 우리를 위하여 준비하라 하시니 제자들이 나가 성내로 들어가서 예수께서 하시던 말씀대로 만나 유월절 음식을 준비하니라"
> (마가복음 14:15-16)

삶의 자리에서 부활을 경험하라

"예수님이 부활하셨습니다! 할렐루야!" 부활주일마다 기쁨으로 선포하지만 일상이 되지는 못합니다. 예수님의 부활은 기뻐하고 감사하는 것에 머물러서는 안 됩니다. 믿고 우리의 삶에서도 그 부활을 매일같이 경험해야 합니다. 어떻게 하면 경험할 수 있을까? 어떻게 하면 '이전 것은 지나갔으니 새것이 되었도다.'라는 말씀을 누리며 살아갈 수 있을까요?

사랑을 경험하는 일입니다. 우리가 하나님을 선택한 것이 아니라 하나님이 우리를 지명하여 불러주신 것처럼 하나님이 우리를 먼저 사랑해주심으로 우리 또한 사랑하게 되는 것입니다. 하나님이 주신 율법, 약속들을 지킬 수 있는 것이 아니라 그 사랑으로 인해 지킬 수 있게 되는 것입니다.

하나님을 향한 사랑은 성실함으로, 기쁨으로, 진실함으로, 정직함으로 하나님께 나아가야 하는 것이 전제되어야 하지만 부모에게서 온전한 사람을 경험하지 못했기에 어떻게 사랑해야할지, 사랑을 받는다는 것이 무엇인지 알지 못합니다.

하지만 하나님의 사랑은 다릅니다. 모든 것을 변화시키는 놀라운 능력이 있습니다. 우리에게 주신 율법은 우리를 사랑하는 하나님의 마음이 담겨 있습니다. 예수님이 주신 2가지의 강령. 하나님을 사랑하는 것과 네 이웃을 네 몸과 같이 사랑하라는 것 또한 마찬가지입니다.

하나님의 사랑을 받아야 하나님을 사랑할 수 있고 하나님의 사랑을 받아야 나 스스로를 정죄하고 자책하지 않고 스스로를 사랑할 수 있습니다. 내가 사랑받았음을 알게 될 때 비로소 넘치는 사랑을 나누려고 합니다. 그 은혜가 크기 때문입니다.

하나님의 사랑을 아는 사람이 진실한 기도를 할 수 있습니다. 섬김이 가능합니다. 복음을 전하는 일도, 삶의 자리에서 예배하는 일도 가능할 수 있습니다. 하나님의 사랑을 아는 사람이 부모를 공경하고 자녀를 노엽게 하지 않고 하나님의 말씀으로 훈계할 수 있습니다. 우리의 자녀가 결혼하여 부부간 화목하고 자녀를 지혜롭게 기르기를 원한다면 내가 먼저 하나님의 사랑을 받아야 하는 것입니다.

하나님으로부터의 사랑을 경험하지 못하면 절대로 사랑할 수 없습니다. 이웃, 가족 뿐 아니라 나 스스로도 사랑할 수 없게 됩니다. 하나님이 우리를 창조하신 이유, 우리에게 말씀을 주신 이유, 예수님이 이 땅에 오신 이유, 십자가에서 죽으시고 부활하신 모든 이유는 바로 우리를 향한 사랑임을 알아야 합니다.

사랑을 아는 것은 하나님을 아는 것이고 서로가 사랑할 수 있는 길임과 동시에 일상에서 부활을 경험하며 살아갈 수 있는 유일한 길입니다. 하나님의 사랑을 갈망하고 구하며 기대하며 경험하는 오늘 되시기를 예수 그리스도의 이름으로 기도드립니다.

"사랑은 여기 있으니 우리가 하나님을 사랑한 것이 아니요 하나님이 우리를 사랑하사 우리 죄를 속하기 위하여 화목제물로 그 아들을 보내셨음이라 사랑하는 자들아 하나님이 이같이 우리를 사랑하셨은즉 우리도 서로 사랑하는 것이 마땅하도다" (요한1서 4:10-11)

실제적인 기도

내 아이가 아픈데 심방가야 하는 날, 내 마음이 지쳐 쓰러질 것 같지만 힘들고 어려운 마음을 들어줘야 할 때, 가족을 뒤로 하고 성도를 향할 때마다 힘들었습니다. 그 때마다 목회라는 것이 무엇이고 가정이 무엇인지를 늘 고민해야했습니다. 결론이 나지 않는 끝없는 생각의 끈을 잡는 것 외에는 할 수 있는 것이 없었습니다.

어느 날인가 문득 간절하게 기도로 모든 것의 질서를 세울 수 있었습니다.

"하나님. 내가 하나님의 일을 하니까 하나님이 내 일 좀 해주세요. 내가 주님의 자녀를 만나러 갑니다. 주님 내 자녀를 붙잡아주세요. 성전을 세우러 갑니다. 내 가정을 세워주세요."

이 기도는 기도 뿐 아니라 제 마음이 되었습니다. 삶의 질서가 다시 서게끔 도와줬습니다. 우리가 기도할 때마다 하나님의 나라와 뜻을 구해야 하는 것이 먼저라는 것을 알고는 있지만 늘 무릎을 꿇고 손을 모으게 되는 순간은 고난과 문제가 나를 찾아왔을 때입니다.

우선순위가 뒤엉키게 되는 것입니다. 이러한 한 번의 걸음이 모여 결국에는 뒤엉킨 길을 제멋대로 자연스럽게 다니는 길이 되어버립니다. 인식하지도 못하는 상황이 벌어지는 것입니다.

교회에 다닌다고 모두가 성도가 되는 것은 아닙니다. 하나님께 기도한다고 모두가 응답받는 것도 아닙니다. 내가 중심이 되어 있는 이상 아무런 의미가 없습니다.

신기한 것은 우리가 하나님의 나라와 그 뜻을 구할 때 실제로 우리의 삶을 책임져주신다는 사실입니다. 자녀가 떡을 달라고 할 때 돌을 줄 부모가 없고, 생선을 달라는데 뱀을 줄 부모도 없습니다. 하물며 하늘에 계신 우리 아버지가 우리의 필요를 모르겠냐고 말씀하시며 그의 나라와 뜻을 구하면 모든 것을 더하실 거라고 말씀하셨던 것 그대로입니다.

그렇습니다. 문제를 향한 기도가 아니라 하나님을 향한 기도를 할 때, 내가 원하는 기도가 아니라 하나님의 나라를 위한 기도를 할 때 이 땅을 살아가는 우리의 필요는 채워지는 것입니다. 하나님의 일을 위해 기도한 것은 결국 나를 위한 기도가 되는 것입니다. 하나님이 내 꿈을 도와주시는 것이 아니라 우리가 하나님의 꿈에 참여하는 것이고 내가 하나님을 향하는 것이 아닌 하나님이 우리를 향해주시는 것입니다.

하나님은 우리의 기도를 들으시는 분입니다. 그 기도를 기도되게 만들어주시는 분입니다. 하나님이 전부가 되지 않으면 우리는 전부를 놓치게 됩니다. 기도할 때 하나님의 임재하심과 전부되심을 경험하는 오늘 되시기를 예수 그리스도의 이름으로 기도드립니다.

> "이제 이곳에서 하는 기도에 내가 눈을 들고 귀를 기울이리니 이는 내가 이미 이 성전을 택하고 거룩하게 하여 내 이름을 여기에 영원히 있게 하였음이라 내 눈과 내 마음이 항상 여기에 있으리라"
> (역대하 7:15-16)

변화는 되어지는 것

사람은 쉽게 변하지 않습니다. 더 엄밀하게 말하자면 변하는 사람은 없습니다. 변화되어지는 사람만 있을 뿐입니다. 성령의 9가지 열매처럼 사랑, 희락, 화평, 오래참음, 자비, 양선, 충성, 온유, 절제라는 품성이 내 삶에도 주렁주렁 열리기를 원하지만 사람은 잘 변하지 않습니다.

변하지 않는 2가지의 이유가 있습니다.

첫째는 사람은 원래 잘 변하지 않는다는 사실입니다. 성격, 습관, 태도와 같이 오랫동안 살아왔던 그 틀은 잘 깨어지지 않습니다. 늘 옳다고 여기며 살아왔기 때문이고 이미 내 삶의 한 부분이 되어 버렸기 때문입니다.

둘째는 늘 보이는 것에 집중하기 때문입니다. 삶에서 드러나는 성격, 습관, 태도의 모습을 보며 그렇게 바뀌어 지기를 원하기 때문입니다. 아무리 노력해도 되지 않습니다. 가장 중요한 내면의 가치, 사고, 생각이 바뀌지 않았기 때문입니다.

변하지 않는 2가지를 한 번에 바꿀 수 있는 방법이 있습니다. 더 엄밀하게 말하자면 바꾸는 것이 아니라 바뀌어 지는 방법입니다. 질병에 걸리면 증상을 치료해야하지만 그 증상이 나타나게 된 원인을 찾는 것처럼 보여지는 우리 행동과 태도를 고치는 것보다 더 중요한 그 원인점을 찾아 고치는 일입니다.

우리의 '가치'가 변해야 하는 일입니다. 내가 생각하는 가치가 변하면 우리의 삶의 방향은 바뀌게 되어 있습니다. 방향이 바뀌면 생각, 마음, 태도도 따라 변하게 되어 있는 것입니다. 하나님은 우리의 성격을 바꾸지 않으시는 것 같습니다. 베드로의 급한 성격도 그 성격대로 사용하셨습니다. 아무 것도 없는 것 가운데 초대 교회를 세우고 순교의 자리를 향하는데 주저함이 없었습니다.

사도 바울의 치밀함도 그대로 사용하셨습니다. 그리스도인을 찾아내고 끝까지 따라가 박해했던 것처럼 선교 사역도 그렇게 해냈습니다. 때로는 치밀하게 때로는 집요하게 끝까지 했습니다. 그 꼼꼼함이 신약성서의 절반을 기록하는 모습으로 쓰임 받은 것입니다.

하나님은 우리를 변화시키기 보다는 방향을 바꾸어주십니다. 하나님의 가치를 심어주셔서 시선을 바꾸어 주십니다. 우리를 향한 신뢰와 사랑이 그만큼 깊은 것입니다. 그 방향 안에서 변화되어지는 것이 바로 성화되어지는 우리의 모습입니다.

우리의 가치는 십자가를 통해 변화하게 됩니다. 하나님의 빛이 내게 오심으로 내 은밀한 죄가 드러나고 그 죄를 인정하고 하나님께 엎드려 예수를 그리스도로 고백하고 믿게 될 때 가치의 변화가 시작됩니다. 성공에서 섬김으로, 소유에서 나눔으로, 물질에서 생명으로, 나 중심에서 그리스도 중심으로 내 가치와 생각이 변하게 되고 그럼으로 내 성격, 습관, 태도 등의 모습 또한 변화하게 되는 것입니다.

그리스도 안에 있을 때, 말씀이 내게 인식되어질 때, 빛이 비춰질 때 그 변화를 기대하며 경험하는 오늘 되시기를 예수 그리스도의 이름으로 기도드립니다.

"너희는 이 세대를 본받지 말고 오직 마음을 새롭게 함으로 변화를 받아 하나님의 선하시고 기뻐하시고 온전하신 뜻이 무엇인지 분별하도록 하라" (로마서 12:2)

기다림은 어렵습니다

기다림은 참 어렵습니다. 하나님의 응답을 기다리는 것도 어렵고 사랑하는 사람을 기다리는 것도 어렵고 무엇보다 자녀에게 올바른 것을 가르치고 홀로 그 길을 가기까지 기다려주는 것은 무엇보다 어려운 일입니다.

그래서 간혹 이렇게 얘기하곤 합니다. "한 번 참았다. 두 번 참았어. 이제 딱 한 번 남았는데 더 이상은 참지 않을 거야." 친구간, 부부간, 자녀와도 이런 대화를 한 번쯤은 해봤을 것입니다. 기다린다는 것을 강조하는 것이고 기다린다는 것은 힘겨운 일이라는 것을 말하는 것입니다.

3년간 수많은 기적과 이적을 경험한 것 뿐 아니라 늘 함께 먹고 마시고 잠을 자며 삶을 나눴던 제자들이 어려움으로 도망쳤지만 예수님은 부활을 경험하고 돌아올 때까지 기다리셨습니다. 하나님은 바로와 이집트 사람들이 여호와 하나님이 살아계신 하나님이라는 것을 알 때까지, 400여 년간 노예로 살았던 자들에게 진짜 하나님이 누구인지를 보여주시기 위해 10가지나 되는 재앙을 보여주시며 기다리셨습니다. 살아있는 아버지의 사랑과 은혜를 뒤로하고 유산을 받아 떠났던 둘째 아들이 온갖 세상의 쾌락을 누리다 탕자가 되어 돌아오는 그 날까지 아버지는 기다렸습니다.

하나님은 우리가 하나님의 형상으로 회복되고 하나님의 자녀로서의 신분으로 돌아올 때까지 기다려주시는 분입니다. 죄의 자리에 있어도, 엇나가도, 제멋대로 살아도 마지막 순간까지 우리를 기다려주십니다. 하나님이라도 더 이상은 참지 못하실 것 같다는 것 같은 그 순간에도 하나님은 기다려주십니다. 돌아올 것을 기다리십니다.

기다리실 수 있는 이유는 사랑 때문입니다. 우리를 사랑하시는 그 깊이만큼 기다리시는 것입니다. 우리를 존중해주시는 만큼 기다려주시는 것입니다. 우리를 자녀 삼아주신 아버지 하나님이기 때문입니다. 자식이 잘 되는 것을 바라지 않는 부모는 없습니다. 나약해도 자녀입니다. 부족해도 자녀입니다. 아파도 자녀입니다. 부모는 자녀를 포기하지 않습니다.

하나님을 떠나 제멋대로 사는 사람, 하나님 안에 있어도 자기 소견대로 사는 사람, 실족하여 떠난 사람, 교만으로 가득 차 다른 사람을 판단하는 사람까지도 하나님은 기다리고 있습니다. 탕자를 기다리는 아버지의 심정으로 돌아올 것을 기다리고 있습니다. 하나님이 기다리시는 이유는 자녀를 절대로 포기하지 않으시는 아버지이기 때문입니다.

아버지의 사랑 안에서 기다림, 행하실 것을 믿음 안에서 기다림, 그 사랑에 답하는 오늘 되시기를 예수 그리스도의 이름으로 기도드립니다.

"주의 약속은 어떤 이들이 더디다고 생각하는 것 같이 더딘 것이 아니라 오직 주께서는 너희를 대하여 오래 참으사 아무도 멸망하지 아니하고 다 회개하기에 이르기를 원하시느니라" (베드로후서 3:9)

전부로 살아가라

얼마 전 야구를 보면서 크게 깨달은 것 2가지가 있습니다.

야구해설가의 목소리가 마음속을 파고 들었습니다. "생각이 많아지면 투구가 안 됩니다." 생각이 많다는 것은 연습한대로 투구가 안 된다는 것이고 힘이 더 많이 들어가 제구(control)가 안 되기 때문에 실투가 나올 확률이 높다는 것입니다.

영적인 것도 같습니다. 생각이 많아지면 매일 하던 기도도 잘 되지 않습니다. 매일하던 기도가 잘 안 된다는 것은 우리 마음이 이리저리 흔들려 실수할 확률이 높아진다는 것입니다. 결국 많은 생각으로 인해 늘 믿고 있던 하나님 말씀에 대한 확신이 흔들렸고 내 안에 믿음이 무너졌다는 것입니다. 내 힘이 더 들어가 하나님을 의지하기보다 경우의 수를 붙드는 확률이 높아졌다는 것입니다.

9회말 2아웃. 주자는 1루와 3루. 마무리 투수가 흔들립니다. 안타 하나면 동점이 되는 상황이었고 홈런이면 경기가 뒤집히는 상황이었습니다. 긴장감이 도는 가운데 타자가 투수의 공을 정타로 너무나도 잘 받아쳤습니다. 안타가 될 것 같았지만 중견수가 판단을 빨리하고 질주하다 슬라이딩을 하며 잡아냈습니다. 관중과 투수는 주먹을 불끈 쥐며 환호하고 공을 잡은 선수는 포효합니다.

그 선수를 보며 마음속에 떠오르는 단어가 하나 있었습니다. '감격'입니다. 저 선수처럼 감격을 경험해본 것은 언제였던가? 나보다 나이가 2배나 어린 저 선수는 저렇게 감격을 누리는데 나는? 그 가운데 절로 기도가 나왔습니다. "하나님, 저도 저렇게 감격을 누리며 살고 싶습니다. 늘 주님과 동행하며 감동하며 기쁨이 흘러넘치는 삶을 살고 싶습니다."

기도하며 자문해보았습니다. 경기의 긴장감이 높아질수록 승리의 감격이 큰 것처럼 삶의 위기 가운데 하나님의 일하심을 경험해야 하는데 위기 없는 삶, 역동적인 삶을 살고 있지 못한 것은 아닌가? 예수님이 전부가 되는 삶을 살아가야 하는데 너무 많은 것을 보며 품고 살아가고 있는 것은 아닌가? 그래서 이렇게 기도했습니다. "하나님, 전부가 되어주세요. 전부처럼 여기는 삶이 아니라 진짜 전부가 되어주시기를 간절히 원합니다."

통장을 찍어봤더니 누군가가 1억을 보냈다면 갑자기 큰 기쁨이 몰려와 우리 마음은 어쩔 줄 몰라 할 것입니다. 얼굴에는 뭔지 모를 미소가 가득할 것입니다. 세상을 창조하시고 우리를 세상 무엇보다 사랑하시며 오늘도 인도, 보호하시고 채워주시는 놀라운 은혜로 감동하는 삶을 살고 있습니까? 심장이 쫄깃해지고 두근거리며 기대하는 삶을 살고 있습니까?

삶의 감동, 감격은 하나님이 우리의 전부가 될 때 경험할 수 있습니다. 머리가 아닌 마음으로 믿을 때 내 삶으로 경험할 수 있습니다. 오늘도 그 은혜를 기대하며 경험하는 날 되시기를 예수 그리스도의 이름으로 기도드립니다.

"예수께서 이르시되 네 마음을 다하고 목숨을 다하고 뜻을 다하여 주 너의 하나님을 사랑하라 하셨으니" (마태복음 22:37)

진짜는 드러나는 것입니다

온갖 거짓이 난무하는 시대에 살고 있습니다. 무엇이 진짜인지 알기 어려운 시대입니다. 뉴스도 거짓이 판을 칩니다. 음식점만 보더라도 서로가 원조라고 말할 정도입니다. 분별함이 중요한 시대입니다.

진짜인지 가짜인지를 아주 쉽게 분별할 수 있는 방법이 있습니다. 우리 삶의 어려움과 위기가 있을 때 아주 자연스럽고 쉽게 분별이 가능합니다. 어려움이 올 때, 위기와 문제가 내 삶의 자리에 들이닥칠 때 하나님의 자녀로서 얻을 수 있는 큰 유익은 진짜를 금세 구별해낼 수 있다는 것입니다.

사업이 잘될 때, 내가 잘 나갈 때, 직장에서의 갑의 위치에 있을 때는 주변에 사람이 많습니다. 안부연락도 오고 얼굴 보자고 하며 친한 관계를 유지하려는 사람이 많습니다. 하지만 사업이 어려워지거나 고난 가운데 있을 때, 갑의 자리에서 내려왔을 때는 너무나도 빠르고 쉽게, 썰물 빠져나가듯 관계가 사라지게 됩니다. 사람들을 괘씸하게 여기며 나의 외로움을 살필 것이 아니라 관계를 살펴야 유익이 있습니다.

고난과 어려움의 자리에 있을 때 진짜 외에는 다 떠나가게 되어 있기 때문입니다. 예수님이 잡히시는 밤, 제자 모두가 도망갔던 것처럼 우리의 어려움에 주변 사람들은 모두가 놀라 떠나갑니다. 잘될 때나, 어려울 때 늘 내 곁에 있어 기도해주고 용기를 주며 격려해주는 사람이 진짜입니다. 내가 잘 나갈 때는 잘 보이지 않았던 가까이에 있는 가족과 교회 식구들입니다. 같은 마음을 품고 꿈꾸며 살아가는 사람입니다.

가난함 가운데 다른 사람에게 베풀고 나누는 것이 진짜 섬김입니다. 고난과 두려움 가운데 앞으로 걸어 나아갈 수 있는 것이 진짜 용기입니다. 단 1%도 믿을 수 없는 환경 가운데서도 하나님만을 향하는 것이 진짜 믿음입니다.

우리는 무엇을 진짜라고 이야기 합니까? 내 눈에 보기에 좋은 것입니까? 많은 사람들이 인정하는 것입니까? 많은 사람들이 맞다고 여기는 것입니까? 내가 원하고 내 맘에 내키는 것입니까?

진짜는 사랑에 기반을 둡니다. 사랑이 없으면 아무것도 아닌 것이 됩니다. 사랑은 기쁨, 감사, 평안, 행복을 가져다줍니다. 사랑은 믿음과 소망을 품고 하나님을 바라게 합니다. 사랑이 분별함의 지혜이며 능력인 것입니다. 사랑은 환경에 따라 움직이지 않습니다. 상황과 상태에 따라 보이는 것이 아닙니다. 사랑은 늘 그 자리에서 우리를 비추는 태양과도 같습니다. 하나님은 그 사랑으로 우리를 고아와 같이 버려두지 않고 가르쳐주고 인도해주며 늘 동행해주십니다.

어려움과 고난 가운데서도 모두가 떠나 홀로 있는 그 시간과 공간에서조차도 하나님은 우리와 함께 하십니다. 사랑은 능력입니다. 분별할 수 있는 시금석이 됩니다. 아침 햇살과 같이 우리 삶에 드러나게 됩니다. 믿음의 눈으로 진짜를 분별함으로, 진짜가 됨을 기대하며 사랑을 경험하는 오늘 되시기를 예수 그리스도의 이름으로 기도드립니다.

> "비록 무화과나무가 무성하지 못하며 포도나무에 열매가 없으며 감람나무에 소출이 없으며 밭에 먹을 것이 없으며 우리에 양이 없으며 외양간에 소가 없을지라도 나는 여호와로 말미암아 즐거워하며 나의 구원의 하나님으로 말미암아 기뻐하리로다"
> (하박국 3:17-18)

자유함의 비밀

자존감이 무엇인지 아시나요? 사전을 찾아보면 '스스로 품위를 지키고 자기를 존중하는 마음'이라고 정의되어 있습니다.

열등감이 무엇인지도 아시지요? '자기를 남보다 못하거나 무가치하게 낮추어 평가하는 마음'이라고 정의합니다. 열등감이 계속되면 자존감이 떨어지고 자존감이 없으면 그 마음에 열등감이라는 놈이 자리 잡게 되어 집니다. 낮은 자존감과 열등감은 늘 쌍으로 같이 다니는 놈들입니다.

너무나도 아무것도 없던 청년 시절에 '자존심' 하나로 살았던 때가 있었습니다. 자존심은 사전에서 이렇게 정의합니다. "남에게 굽히지 않고 스스로의 가치나 품위를 지키려는 마음" 어떤 일에도 굴하지 않고 되지 않을 일까지 악착같이 해내며 자존심 하나로 버티고 악으로 깡으로 살았습니다. 하지만 그 자존심 안에서 영양분을 먹고 자라는 것들이 있었다는 것을 나중에야 알게 되었습니다. '낮은 자존감과 열등감'이었습니다.

자존감이 낮아질수록, 열등감이 커질수록 자존심은 더 강해지고 어떤 일이든 무시당하지 않게 완벽하게 하려는 마음, 늘 경계하며 살았던 마음으로 스스로를 괴롭히며 너무나도 힘들게 살았습니다. 그때는 몰랐습니다. 악으로 깡으로 자존심 하나로 정말 열심히 이를 악물고 힘껏 살았지만 계속 힘들어지는 그 이유를 몰랐습니다. 살려고 할수록 죽어가며 영혼이 메말라가는 내 모습을 알지 못했습니다.

그렇게 고군분투하며 스스로를 괴롭히며 살던 어느 날, 예수님을 알게 되었습니다. 그 분을 마주하게 되었습니다. 나 스스로도 감당하지 못하는 나를 사랑해주신다는 것을 알게 되었습니다. 나 같은 자를 위해 하나뿐인 아들을 이 땅에 보내셔서 내 죗값을 치러주시고 삶의 이유와 목적, 가치를 불어넣어주신 분을 만나는 순간 새롭게 됨을 경험했습니다.

나를 향한 하나님의 사랑으로 수용되고 용납되어지는 순간 자존심을 내려놓고 내 힘을 빼고 믿음으로 살 수 있게 되었습니다. 매어있음이 풀려 자유하게 된 것입니다. 낮은 자존감과 열등감은 하나님 자녀로서의 정체성이 세워지는 순간 비워졌습니다. 그렇게도 버둥거리며 벗어내려고 했던 과거의 상처가 너무나도 평안하게 아물어졌습니다.

이것이 바로 복음의 비밀입니다. 우리를 향한 하나님의 사랑이고 십자가의 은혜입니다. 그래서 늘 성령 안에서 깨어 기도해야 합니다. 나도 모르게 환경과 상황, 상태 안에서 또 다시 속아 제자리로 돌아가는 일이 벌어지기 때문입니다. 자유함을 빼앗길 수 있기 때문입니다. 아름다운 비밀을 전해야 합니다. 알려줘야 합니다. 경쟁에서 연합으로, 성공에서 섬김으로, 시기와 질투에서 사랑으로, 나에게서 하나님으로의 삶이 얼마나 자유롭고 기쁘고 평안한 삶인지를 전해야 합니다. 알아야 합니다.

복음의 비밀을 기대하며 주신 자유함으로 살아가시기를 예수 그리스도의 이름으로 기도드립니다.

> "모든 기도와 간구를 하되 항상 성령 안에서 기도하고 이를 위하여 깨어 구하기를 항상 힘쓰며 여러 성도를 위하여 구하라 또 나를 위하여 구할 것은 내게 말씀을 주사 나로 입을 열어 복음의 비밀을 담대히 알리게 하옵소서 할 것이니" (에베소서 6:18-19)

인정받지 못해도 됩니다

얼마 전 인터넷을 통해 눈에 띄는 뉴스 제목이 하나 있었습니다. "조명 받는 아폴로 11호 우주인 콜린스 – 달 표면 밟지 않고 사령선에 남아"

아폴로 11호의 달착륙 장면은 지금 이 땅을 살아가는 많은 사람들에게 가슴 벅찬 설렘을 안겨줬던 일입니다.

닐 암스트롱의 첫 발과 성조기를 꽂는 장면은 7억 명이라는 사람이 동시에 시청했고 훗날 본 사람에게도 큰 감동을 주었습니다.

기사는 첫 인류 달 탐사 50주년 기념일을 앞두고 회고된 내용이었습니다. 이 기사를 통해 새롭게 알게 된 사실이 하나 있습니다. 착륙 당시 보았던 2명이 아닌 또 다른 1명에 대한 이야기였습니다. 현재 유일하게 살아있는, 그 때 달의 표면을 밟지 못했던 콜린스라는 사람이 새롭게 조명된 것입니다.

암스트롱과 올드린이 착륙선에 옮겨 탄 뒤 달 표면에 착륙하는 역사적 순간, 콜린스는 21시간 반 동안 홀로 사령선을 타고 달 궤도를 빙빙 돌았습니다. 동료가 달에 성조기를 꽂는 장면도 보지 못했고, 착륙선 엔진 이상이 감지돼 거기에 온통 신경이 쏠려 일하고 있었습니다. 아무도 그를 기억하지 못했고 철저히 인정받지 못했던 사람이 바로 콜린스입니다.

뉴스의 요지는 아폴로 11호의 3인방은 모두 1930년생이었고 달에 다녀온 후 삶은 극명하게 갈렸다는 것입니다. 내성적이었던 암스트롱은 미국뿐 아니라 세계의 영웅으로 추앙받으면서도 유명세 자체를 괴로워했으며 여러 가지 일로 순탄치 않은 삶을 살았고 올드린은 가장 먼저 달에 내리지 못했다는 분노와 열등감 그리고 목표 상실로 인해 우울증에 시달렸습니다.

콜린스는 '우주 영웅'들과 달리 젊은 시절 성취에 매몰되지 않고 이후 화성 탐사를 연구할 정도로 경력을 발전시킨 프로 우주인이자 공학자이면서 '우주의 시인·철학자'로 불릴 정도로 후배들에게 영감을 주는 인생을 살았다고 합니다.

기사는 "역사의 무대 뒤편에 있던 3인자가 이후 얼마나 풍요롭고 열정적인 삶을 살 수 있는지를 보여준다."고 말했습니다.

우리는 늘 1인자가 되려고 합니다. 2인자가 되었을 때 열등감에 사무쳐 살아가게 되곤 합니다. 하지만 콜린스의 삶을 통해 3인자로도 풍요롭고 열정적인 삶을 살 수 있다는 것을 깨닫게 됩니다.

여호수아와 같은 리더십을 가질 수 있었던 갈렙은 철저히 3인자가 되어 영양분이 되어졌고 모세의 손을 들어줬던 훌은 아론처럼 크게 쓰임 받거나 보여지지 않았습니다. 에스더를 왕비로 양육했던 모르드개, 베드로를 전도하고 오병이어의 기적을 도운 안드레, 베드로를 위해 믿음으로 끝까지 기도했던 로데라는 작은 소녀.

역사는 보이는 한 사람으로 이루어지는 것이 아닙니다. 하나님께 붙들림 받은 헌신된 소수의 사람, 세상에서 인정받지 못하지만 사랑에 반응하는 사람, 보이지 않지만 믿음으로 끝까지 행한 사람들을 통해 이루어지는 것입니다.

불평과 원망 없이 끝까지 행한 '섬김'입니다. 포기하지 않고 행한 '충성'입니다. 하나님을 향한 '믿음'과 '인내'입니다. 건강한 신앙으로 풍요롭고 열정적으로 살아가게 한 '원동력'입니다. 인정받는 삶이 아니라 묵묵히 끝까지 쓰임 받는 오늘 되시기를 예수 그리스도의 이름으로 기도드립니다.

"그러므로 하나님의 능하신 손 아래에서 겸손하라 때가 되면 너희를 높이시리라 너희 염려를 다 주께 맡기라 이는 그가 너희를 돌보심이라" (베드로전서 5:6-7)

BIBLE
TALK

불편함이 주는 영성

경영인 백종원 씨가 컨설팅 해줬던 분식집에 찾아가 잘하고 있는지 점검하는 TV프로그램을 잠시 보았습니다.

멸치김밥의 맛이 변해 있었습니다. 처음 주었던 레시피를 그대로 한 것이 아니었습니다. 분식집 사장님께 물어봤더니 다른 사람이 짜다고 해서 간장의 양을 줄였고 바쁘니 미리 김밥을 싸놓았던 것입니다. 이때 백종원씨가 사장님에게 했던 두 가지의 말이 깊이 다가왔습니다.

첫째는 한 두 명의 입맛에 맞추거나 내 입맛에 맞추는 것이 아니라 대중적인 입맛의 수준에 맞춰야 한다는 것. 둘째는 내가 불편하면 손님이 좋아한다는 것은 진리이다. 내가 편하면 손님이 너무나 잘 알고 찾지 않는다는 것을 알아야 한다.

말씀으로 살아가는 우리에게도 너무나도 와 닿는 귀한 말입니다. 내 삶의 결정과 태도, 생각을 주변 사람의 시선에 맞추는 것이 아니라 원래 하나님이 주셨던 의도 그대로 살아가야 한다는 것. 환경이 아니라 하나님 말씀에 우리의 수준을 맞추는 것이 중요하다는 것이 첫째이고,

신앙생활이라는 것을 쉽게 하려고 해서는 안 된다는 것이 둘째입니다. 내 육체가 원하는 대로가 아니라 하나님이 원하시는 대로 영으로 신앙생활을 해야 한다는 것입니다. 본능보다 본질이 앞설 수 있도록 의지를 사용해야 합니다. 우리의 몸과 마음은 세상에 적용되어 있어 본능으로 자연스럽게 흘러가게 됩니다. 내가 불편한 것, 익숙하지 않은 것을 향해야 영적으로 살 수 있습니다.

내 틀을 깨야만 하나님의 생각이 내 안에 들어올 수 있습니다. 아무리 교회에 오래 다녀도 내 고집이 신앙이 된다면 구원받을 수 없습니다. 하나님의 뜻대로 살아갈 수 없기 때문입니다. 게으른 것이 부지런한 것보다 편하고 열심보다 대충이 편하며 진리대로가 아닌 세상의 흐름대로 살아가는 것이 훨씬 편합니다.

우리가 불편하면 하나님을 찾게 되고 우리가 편안하면 하나님을 찾지 않습니다. 7-80년대 교회의 부흥이 있었던 이유는 배고프고 힘들고 외로웠기 때문입니다. 지금은 먹고 살만하기에 간절함이 아닌 선택적으로 하나님을 향합니다. 하나님 중심이 아닌 나 중심의 신앙입니다.

진리를 품고 그 진리로 살아가는, 불편함이 주는 영성을 기대하는 오늘 되시기를 예수 그리스도의 이름으로 기도드립니다.

> "육신을 따르는 자는 육신의 일을, 영을 따르는 자는 영의 일을 생각하나니 육신의 생각은 사망이요 영의 생각은 생명과 평안이니라"
> (로마서 8:5-6)

아기의 걸음마처럼

아기가 걸음마를 시작할 때 다리에 힘이 없어 딛고 일어나는 것이 어렵습니다. 균형을 잡는 것 또한 쉽지 않아 엉덩방아 찧는 일을 반복합니다. 일어나는 것도 어렵지만 더 어려운 일이 기다리고 있습니다. 걷는 일입니다. 그 어려운 걸 또 해냅니다. 불안하게 한 걸음씩 발을 떼지만 곧 뛰듯 걸으며 소리를 지르고 얼굴에는 생기가 넘쳐납니다.

여기서 문제가 발생합니다. 발걸음을 떼어 걷는 것은 시작했지만 아직 불안할 뿐 아니라 어디까지 가야할지 어떻게 멈춰야할지는 몰라 불안함이 얼굴에 드러납니다.

그 때 엄마가 나타나 손바닥을 치고 격려하며 여기까지 오라고 합니다. 아기가 품에 안 길 때 알 수 없는 평안함과 기쁨, 그리고 성취감이 넘쳐나는 것을 보게 됩니다.

우리 신앙의 걸음걸이도 걸음마 하는 아기와 똑같습니다. 예수님을 믿고 걸어보려고 합니다. 결단을 내리고 하나님의 말씀에서 배운 대로 발걸음을 떼어 보려고 합니다. 삶과 말씀의 균형을 잡는 것이 쉽지 않아 엉덩방아 찧는 일을 반복합니다.

이전의 생각들이 방해해서 말씀대로 살아가는 것이 현실적으로 너무 무모해보이고 두려워 보이기까지 합니다. 가지 않아본 길을 선택하고 걸어야 합니다. 어떻게든 발걸음을 떼어 봅니다. 그리고 걷습니다.

하지만 어떻게 걸어야 할지를 모르고 어디가지 걸어야 할지도 모르니 금세 얼굴에 두려움과 불안함이 드러나기 시작합니다. 괜히 시작했다며 자책하고 잘 걷는 사람과 비교하며 열등감이 품습니다. 이때가 가장 중요한 순간입니다.

하나님의 얼굴을 찾아야 하고 주시는 격려와 존재를 바라보며 그 품으로 안겨야 할 때입니다. 그제야 비로소 평안과 기쁨, 성취감이 넘쳐나기 시작합니다.

말씀과 삶의 괴리, 그 간극을 극복하는 순간입니다. 자라지 않을 것 같던 씨앗에서 믿음의 떡잎을 내는 순간입니다.

아기 때는 엄마 젖이나 분유를 먹습니다. 이빨이 돋아나기 시작할 때 먹거리를 곱게 갈아 끓여 이유식으로 먹입니다. 조금 더 자라면 어른들이 먹는 밥도 함께 먹게 됩니다.

엉덩방아를 찧으며 일어나고 일어나서 걸음을 디뎌내고 균형을 맞추며 걸어내는 일. 그리고 다시 엄마의 품에 안기는 일. 젖부터 시작해서 이유식을 먹고 고형식의 음식을 먹는 것은 삶의 여정입니다.

인생의 길을 걸을 때마다 하나님의 얼굴을 바라보고 그 품을 향해 나아가는 것은 신앙의 본질입니다. 먹여주시는 것을 먹으며 성장하고 자라나는 것 또한 마찬가지입니다.

신앙의 본질을 회복한다는 것은 처음으로 돌아가는 것을 말합니다. 처음으로 돌아간다는 것은 기본으로 다시 시작하는 것입니다. 약하고 두렵고 떨렸던 그 때 예수님의 손을 잡았듯 다시금 그 손을 잡는 일입니다.

아기가 걸음마부터 어려운 인생살이를 시작했던 것처럼, 엄마의 품에서 평안과 기쁨을 누렸던 것처럼 본질과 기본인 하나님 말씀에 충실함으로 성령님의 능력을 기대하는 오늘 되시기를 예수 그리스도의 이름으로 기도드립니다.

"내가 너희 중에서 예수 그리스도와 그가 십자가에 못 박히신 것 외에는 아무 것도 알지 아니하기로 작정하였음이라 내가 너희 가운데 거할 때에 약하고 두려워하고 심히 떨었노라 내 말과 내 전도함이 설득력 있는 지혜의 말로 하지 아니하고 다만 성령의 나타나심과 능력으로 하여 너희 믿음이 사람의 지혜에 있지 아니하고 다만 하나님의 능력에 있게 하려 하였노라"(고린도전서 2:2-5)

BIBLE
TALK

새롭게, 새롭게

지금까지의 내가 없었으면 오늘의 내 삶은 없을 것입니다. 하지만 지금의 나로 살아가기 위해서는 이전의 나를 버려야 합니다.

학연도 지연도 없고 배경이 하나도 없는 내가 살 수 있는 길은 악으로 깡으로 사는 일이었습니다. 될 때까지 해보는 것 말고는 할 수 있는 것이 없었습니다. 열등감이 삶의 이유가 되었고 세상을 향한 분노가 악으로 깡으로 살게 했습니다. 예수님을 알기 전까지 내가 살아왔던 방식이었고 모습이었습니다.

하지만 예수님을 만나고 나서부터는 모든 것이 변하기 시작했습니다. 내게 힘을 주었던 열등감, 분노, 악으로 깡으로 살던 것들이 오히려 내 삶을 더디게 함을 느끼며 기쁨, 평안, 사랑을 경험하기 시작했지만 지금껏 살아왔던 내 모습이 익숙함이라는 이름으로 나를 과거로 향하게 합니다.

애벌레로 꿈틀거리며 살아왔던 모습에 안주하지 않고 고치를 만들고 온몸을 꺾는 듯한 고통 가운데서 성충이 된 나비가 애벌레의 모습으로 돌아가지 않듯 철저하게 이전의 모습을 버리지 않는 한 새롭게 될 수 없습니다.

이전의 모습이 지금껏 살게 한 것은 분명하지만 과거가 앞으로의 삶을 붙잡는 안타까운 일, 나비가 애벌레의 모습으로 돌아가려는 희한한 일이 우리 삶에서 벌어지고 있습니다. 평안을 경험해도 자꾸 편안함으로 돌아가려고 합니다. 진리를 가르쳐도 익숙함으로 향합니다. 진리를 보여줘도 지금껏 살아왔던 내 생각이 옳다고 여기고 심지어 믿기까지 합니다.

하나님의 말씀을 믿고 주신 사랑을 믿고 붙들어야 하는데 악으로 깡으로 살아오며 쌓인 과거의 삶을 믿는 것이 지금을 살아가는 우리의 모습입니다. 아픔과 상처를 고이 싸매고 있다가 때마다 꺼내보며 슬퍼하는 것과도 같은 모습입니다.

새 포도주는 새 부대에 담아야 합니다. 발효하는 것을 견디지 못해 터져버리기 때문입니다. 지금껏 써왔던 부대로 잘 해왔고 익숙하기 때문에 고집을 부립니다. 하지만 그 고집은 이전의 것을 담아둘 수는 있지만 새로운 것을 담아둘 수는 없습니다. 늘 제자리에서 발전하지 못하는 나와 나아지려는 나와의 싸움이 시작됩니다. 결국 과거의 나와 지금의 나와의 지루한 싸움에 지쳐 발목을 잡고 있는 과거의 내 모습으로 다시 돌아가게 됩니다. 새로움은 부담되고 불편함이 되어 버립니다.

새 포도주는 새 부대에 담아야 합니다. 두려워하지 말고 육신만을 따라 살아왔던 과거의 내 모습이 아닌 그리스도 안에서 새롭게 됨을 경험해야 합니다. 애벌레에 머무는 인생이 아닌 나비와 같이 날개를 활짝 펴는 인생이 되어야 합니다.

고집과 아집으로 옷 입은 이전의 나와 관계를 끊고 은혜로 새롭게 된 내가 삶을 이끄는 기쁨의 과정이 되는 오늘 되시기를 예수 그리스도의 이름으로 기도드립니다.

"그러므로 우리가 이제부터는 어떤 사람도 육신을 따라 알지 아니하노라 비록 우리가 그리스도도 육신을 따라 알았으나 이제부터는 그같이 알지 아니하노라 그런즉 누구든지 그리스도 안에 있으면 새로운 피조물이라 이전 것은 지나갔으니 보라 새 것이 되었도다" (고린도후서 5:16-17)

시작을 선포하라

바람이 불 때 봄에는 '향기롭다. 신선하다.', 여름에는 '시원하다.'라고 하고 가을에는 '선선하다.', 겨울에는 '매섭다.'라고 합니다. 자세히 살펴보면 바람의 종류는 다르겠지만 일상을 살아가는 우리에게 바람은 늘 같습니다. 다만 계절이 바뀌어감에 따라 우리가 느끼는 것이 다를 뿐입니다. 같은 일상이라도 어제 무엇을 했고 어떤 일이 있었는지에 따라 오늘 느껴지고 경험되어지는 것이 다릅니다. 내 마음과 생각을 점검해야 하는 이유입니다.

사람은 늘 환경에 영향을 받게 됩니다. 어떤 환경에 노출되어 영향을 받게 될 때마다 느껴지는 감정과 마음이 있습니다. 시간이 쌓여 그때마다 하는 생각과 행동이 내면에 자리 잡게 됩니다. 삶의 패턴이 생기는 것입니다. 계절에 따라 느껴지는 것이 다르고 그 다름이 내 안에서 늘 일정하게 반복되는 삶의 패턴입니다.

이러한 패턴은 좋을 때도 있지만 좋지 않을 때가 훨씬 많습니다. 어떤 단어 하나를 정의하는 것에도 내가 살아온 경험과 생각, 감정에 매여 부정적인 패턴이 자리 잡게 될 때가 대부분이기 때문입니다. 사랑이라는 것을 정의할 때 나와 부모님의 관계, 아버지와 어머니와의 관계, 나와 형제간의 관계로 인해 훼손되고 왜곡된 것을 사랑의 기준으로 삼아버립니다. 모자라서가 아니라 삶의 패턴으로 자리 잡아 버렸기 때문입니다.

우리를 향한 하나님의 사랑, 우리에게 표현하시고 행하시는 그 사랑, 십자가에서 나를 위해 죽으신 그 사랑의 확증이 내 마음 가운데 자리 잡기 어렵습니다. 하나님이 주신 오리지널 사랑이 아닌 왜곡된 사랑이 전부가 됩니다. 삶의 수준이 낮고 높음, 나이의 많고 적음, 배움의 끈이 길고 짧음에 관계없이 모두에게 동일하게 적용되는 패턴입니다.

하나님을 믿는 사람들은 하나님의 말씀, 신앙생활과 내 삶의 패턴이 자주 부딪히는 일로 잘못된 패턴을 깊이 깨달을 수 있는 기회가 많습니다. 진짜 사랑이 무엇인지, 내가 누구인지 무엇이 옳고 그른지를 인식하게 될 때가 있습니다.

인식하는 순간은 생각보다 충격적이고 놀랍습니다. '내가 왜 이렇게 살고 있었을까?!'라는 절규와 애통함이 있습니다. 그럼에도 그 때를 놓쳐버리면 하루도 지나지 않아 나도 모르게 패턴으로 다시 돌아가는 일이 생깁니다.

그 때에 해야 할 것은 나의 연약함을 인정하고 하나님의 긍휼하심을 선택하는 일입니다. 딱딱하게 굳어진 내 생각과 마음, 그 패턴을 기경하는 일입니다. 묵혀져 딱딱해진 땅을 갈아 생명이 자라는 땅으로 바꿔야 하는 일입니다. 딱딱해진 땅을 손에 굳은살이 박히도록 땀이 마르지 않도록 파내야 합니다. 골라내고 또 골라내도 수없이 나오는 돌을 찾아버려야 합니다. 씨를 심고 매일 물을 주고 날마다 쑥쑥 자라나는 잡초를 뽑아야 합니다.

힘겹지만 반드시 해야할 일입니다. 더 이상 감정과 느낌, 내 생각과 고집으로 살아가는 패턴을 버려야 합니다. 기경해야 합니다. 선택이 아니라 생명이 달린 일임을 알아야 합니다. 하나님을 찾고 딱딱해진 마음의 땅에 기경의 시작을 선포하는 오늘 되시기를 예수 그리스도의 이름으로 기도드립니다.

> "너희가 자기를 위하여 의를 심고 긍휼을 거두라 지금이 곧 여호와를 찾을 때니 너희 묵은 땅을 기경하라 마침내 여호와께서 임하사 의를 비처럼 너희에게 내리시리라" (호세아 10:12)

말씀대로

9살 딸아이가 자면서 고백을 했습니다. 학교 친구가 산에서 주은 도토리 한 알을 맡겼는데 잃어버렸다는 이야기였습니다.

그런데 그 친구를 피아노 학원에서 만나서 도토리를 달라고 하길래 너무 미안해서 잃어버렸다는 말은 하지 못하고 집에 놓고 왔다고 거짓말을 했는데 이제 내일 당장 어떻게 해야 하는지 고민이었습니다. 다시 주울 수 있는 시간도 안 되고 또 어떤 거짓말을 해야 하는지를 제게 물었습니다. 차근차근 설명해줬습니다.

친구가 맡길 때 주머니가 없으면 없다고 말했어야 하는 것이 가장 먼저였고 잃어버렸을 때는 거짓말을 하지 말고 분명하게 미안하다고 말하고 함께 도토리를 주워보자고 얘기했어야 한다고 말해줬습니다. 가장 중요하게 말해준 것은 거짓말이었습니다. 그래서 함께 거짓말 한 것에 대해 회개기도하고 도와주실 것을 간절히 부탁드리면서 잠이 들었습니다.

아침에 일어나자마자 도토리 걱정에 아침 입맛도 없다고 합니다. 그래도 거짓말을 다시 하지 말고 이야기해야 한다고 다시금 권면해줬습니다. 무거운 발걸음으로 학교를 가던 중 놀라운 일이 있었습니다. 도토리나무가 근처에 없는데 정말 딱 한 알, 아주 똘똘해 보이는 도토리 한 알이 놀이터 모래 사이에 있던 것을 딸아이가 발견한 것입니다. 너무 작아서 다시 주워야하지 않겠냐고 물었더니 딱 이 크기라는 것입니다.

아이를 아침에 데려다주고 돌아오는 길에 저 또한 감탄했습니다. 거짓

말에 대해 간절히 회개하고 도움을 구했더니 하나님이 아침에 도움을 주셨고 걱정과 염려를 한 번에 없애 버려주신 것입니다. 그렇습니다. 우리가 하나님의 말씀대로 살지 못하기에 하나님의 능력을 경험하지 못하는 것입니다. 작은 것이라고 하더라도 하나님 앞에 내려놓고 기도하고 구할 때 신실하신 하나님 아버지는 반드시 응답하십니다.

너무나도 극적으로 감사할 수밖에 없도록, 하나님이 하셨다고 말할 수밖에 없게끔 일하십니다. 우연이 아닌 하나님이 살아계심을 알게 하십니다. 하나님을 전적으로 의지하고 정직하게 기도할 때 경험할 수 있는 일입니다. 환경과 당연함에서 벗어나 하나님 앞에 정직하게, 말씀 그대로 행함으로 살아계신 하나님을 기대하는 오늘 되시기를 예수 그리스도의 이름으로 기도드립니다.

"너를 낮추시며 너를 주리게 하시며 또 너도 알지 못하며 네 조상들도 알지 못하던 만나를 네게 먹이신 것은 사람이 떡으로만 사는 것이 아니요 여호와의 입에서 나오는 모든 말씀으로 사는 줄을 네가 알게 하려 하심이니라" (신명기 8:3)

하나님의 집: 교회

딸아이가 물어봅니다. "아빠 교회에 올 때는 목사님 허락을 받아야 하는 거죠? 그냥 아무나 올 수 있는 거예요?" 처음 들어보는 질문이라서 잠시 당황하기도 했지만 이렇게 대답해줬습니다. "교회는 목사님 것이 아니라 하나님의 집이야. 하나님의 집은 누구라도 올 수 있단다."

다시 확인하듯 물어봅니다. "그럼 어떤 사람도, 아무라도 다 올 수 있는 거예요?"

그렇습니다. 누구라도 다 교회에 나올 수 있습니다. 그런데 실상은 그렇지 않습니다. 허락을 받아야 올 수 있는 것처럼 여겨집니다. 그래서 교회마다 '환영한다'는 문구가 적혀 있고 거리에 나가 초청을 합니다. 처음 교회에 나오거나 이사를 하거나 인도하심으로 다른 교회로 옮기는 분들은 낯설음으로 이것저것 의식하게 되지만 그럴 필요가 없습니다.

먼저 교회에 나온 사람을 의식할 필요도 없습니다. 그 또한 초청받은 사람이기 때문입니다. 하나님의 나라는 초청받은 자의 것이 아니라 초청에 응한 자의 것입니다. 교회에 나와 있는 모두가 순서만 다를 뿐 초청받고 그 초청에 응한 자입니다.

교회는 목사의 것도, 성도의 것도 아닌 하나님의 것이기 때문에 세상과는 완전히 다른 하나님의 기준이 세워집니다. 세상에서의 직위, 권위, 직업 등 보이는 것과 관계없습니다. 모두가 하나님 안에서 아들이고 딸이며, 성도이고 백성이기 때문입니다. 그래서 교회에서 형제, 자매라고 부르는 것입니다. 형제, 자매라고 부르는 게 어색해서 빨리 집사 직분을 주는 곳도 있지만 직분에 관계없이 형제, 자매라고 부르는 것이 옳습니다. 하나님의 집이기 때문입니다.

교회는 아무라도, 그 누구라도 올 수 있는 곳입니다. 여기에 그쳐서는 안 됩니다. 교회는 하나님의 집인 동시에 기도하는 집이라고 말씀하셨기 때문입니다. 하나님의 뜻을 묻는 곳, 하나님의 뜻을 알게 되는 곳, 힘들고 어려운 형제자매를 위해 함께 기도로 섬기는 곳, 억울하고 아픈 일을 하나님께 토설하며 기도하는 곳이 교회입니다.

모두가 다르게 생겼고 제 각각의 형편과 사정이지만 한 마음으로 기도할 수 있는 이유입니다. 하나님 앞에서 누구나 하나님의 자녀로서 평등한 이유입니다. 교회는 하나님의 집입니다. 기도하는 집입니다. 하나님의 기준이 세워지는 곳이며 우리의 정체성을 깨닫게 되는 곳입니다.

내가 섬기는 교회, 내가 떠난 교회, 내가 찾고 있는 교회는 어떤 모습의 교회입니까? 연합됨으로 교회가 교회될 수 있는, 사랑함으로 하나님의 기준이 세워지는 교회가 될 수 있도록 기도하며 기대하는 오늘 되시기를 예수 그리스도의 이름으로 기도드립니다.

> **"보라 형제가 연합하여 동거함이 어찌 그리 선하고 아름다운고"**
> (시편 133:1)

부재(不在)의 의미

앨버트 아인슈타인의 말 중에서 가장 깊이 와 닿는 말이 있습니다. "추위
는 존재하지 않는다. 추위는 완전한 열의 부재에서 오는 것이다. 어둠은
존재하지 않는다. 어둠은 완전한 빛의 부재일뿐이다."

믿지 않는 사람들은 "도대체 하나님이 세상을 만드셨다면 악이라는 존
재는 무엇인가?"라는 질문을 합니다. 이 또한 부재에서 오는 일입니다.
악이 존재하는 이유는 하나님의 부재입니다."

인간이 죄를 떠나지 못하고, 소욕과 정욕에 매이고 세상의 종으로 사
는 이유는 하나님의 부재 때문입니다. 그럼에도 하나님께 돌아오는 것
을 꺼립니다. 하나님의 부재로부터 돌이켜야 한다는 것을 알고 있지만
그렇게 하지 않습니다. 너무 많은 사람들이 하나님이라는 존재에 대해
오해할 거리를 만들어놓았기 때문입니다. 성도를 섬기는 것이 아닌 성
도를 이용하는 목사, 세상의 빛 되는 교회가 아닌 불법을 서슴없이 행
하며 사역이 아닌 장사를 했고 장로, 집사라는 직분으로 자신의 유익을
취했기 때문입니다.

이 또한 하나님의 부재입니다. 하나님이 계셔야할 마음의 중심에 이생의
자랑과 안목의 정욕, 인간의 소욕이 가득 들어찼기 때문입니다. 교회의
주인이 하나님이 아닌 사람이 되었기 때문입니다. 마음의 주인이 그리스
도가 아닌 나 자신이 되었기 때문입니다.

교회는 사람을 모으는 곳이 아닙니다. 생명을 전하는 곳입니다. 하나님
의 부재함을 깨닫고 십자가를 품고 그 사랑으로 살아가게 하는 곳입니

다. 빛을 만나 어둠이 깨어지는 곳입니다. 세상에 빼앗기지 않는 기쁨과 평안을 경험하는 곳입니다.

우울함이라는 것도 부재에서 오는 것입니다. 모든 사람들은 다 잘 살고 있는데 늘 나만 혼자인 것 같고 나만 힘든 것 같고 나만 억울하게 살아가는 것처럼 여기지는 것도 하나님의 부재에서 오는 것입니다. 더 정확히 말하자면 하나님과 분리되었기 때문에 겪는 일입니다.

우리의 영혼은 늘 하나님과 함께 하도록 만들어졌습니다. 고향을 떠나면 늘 고향을 그리워하고 집과 부모를 떠나면 늘 그리워하듯 그렇게 만들어졌습니다. 하나님을 떠나서는 살 수 없습니다.

우울한 감정은 하나님과 분리되었다는 신호로 인식해야 합니다. 그 우울함을 감추기 위해 다른 것으로 하나씩 채우다보면 건강도 잃고 믿음도 놓치게 됩니다. 슬픔과 의심이 가득 밀려오게 됩니다. 어느새 세상의 것으로 가득 채워진 공허한 나를 발견하게 됩니다.

하나님의 부재가 아닌 하나님의 임재 가운데 기대하며 살아가는 오늘 되시기를 예수 그리스도의 이름으로 기도드립니다.

"내 영혼이 하나님 곧 살아 계시는 하나님을 갈망하나니 내가 어느 때에 나아가서 하나님의 얼굴을 뵈올까 사람들이 종일 내게 하는 말이 네 하나님이 어디 있느뇨 하오니 내 눈물이 주야로 내 음식이 되었도다, 내 영혼아 네가 어찌하여 낙심하며 어찌하여 내 속에서 불안해 하는가 너는 하나님께 소망을 두라 그가 나타나 도우심으로 말미암아 내가 여전히 찬송하리로다"(시편 42편 2-3, 5절)

지식이 아닙니다

TV에 나오는 연예인을 우리는 잘 알고 있습니다. 요즘에는 연예인이 자녀를 키우며 살아가는 가족의 사생활까지 거침없이 드러나기에 시시콜콜 더 잘 알고 있습니다.

하지만 내가 그 연예인을 알고 있을 뿐 그 연예인이 나를 아는 것이 아니고 자주 만나고 마음을 터놓고 이야기할 수 있는 깊은 관계가 있는 것도 아닙니다. 내가 상대방을 아는 것이 전부입니다.

하나님을 아는 사람은 많습니다. 성경을 통해 또 여러 가지의 경험을 통해 하나님이 어떤 분인지는 아주 잘 알고 있습니다. 무엇을 좋아하시고 싫어하시는지 까지도 잘 알고 있습니다.

하지만 하나님과 깊은 관계로 늘 만나고 매일 동행하는 사람은 찾아보기 어렵습니다. 내가 알고 있는 것이 전부가 되고 내 형편과 사정에 맞춰 살아가며 거기에 하나님을 끼워 넣고 살아가는 것을 동행이라고 착각합니다.

하나님은 내 생각에 머무는 분이 아닙니다. 이 땅의 모든 것을 운행하시는 경륜과 함께 지극히 작은 나와 인격적으로 관계를 맺어주시는 놀라운 분이십니다. 하나님은 무엇이든 하실 수 있는 분입니다. 지금의 내 삶도 완전히 변화시켜주실 수 있는 분입니다. 변화되기 원한다면 하나님을 잘 알고 있다는 내 생각부터 깨어져야 합니다.

어려움, 문제, 절망이 찾아왔을 때 이겨내고 극복하려고 합니다. 하지만 절망적인 상황을 극복하는 것은 중요하지 않습니다. 그 절망 상황 속에서도 예수님을 향하는 것, 믿어질 수 없는 환경에서 끝까지 예수님의 손을 놓지 않는 것, 부족하고 연약하여 어찌할 수 없는 마음을 내어드리는 것이 가장 중요한 일입니다.

마음과 성품, 생명을 다해 하나님께 나아올 때 비로써 나만의 경험을 기준으로 대부분 내 생각의 틀로 채워진 내 중심이 깨어져 진실하게 기도의 자리에 설 수 있게 됩니다. 하나님의 사랑이 부어지는 순간이고 내가 얼마나 사랑받고 있었는지, 내 안에 선한 것이 하나 없다는 것을 발견하는 순간입니다. 성령님이 내게 와주시는 놀라운 사건의 순간입니다.

내 생각과 삶의 미천한 모든 조각을 하나님께 내어드릴 때 하나님이 역사하시는 것입니다. 하나님의 일하심이 시작됩니다. 내게 쏟아 부어주시는 사랑이 보이기 시작합니다. 하나님께 절망을 드리면 소망을 주십니다. 아픔을 드리면 위로를 주시고 기쁨을 드리면 사랑을 주십니다. 자녀삼아 주신 아버지 하나님은 우리에게 늘 좋은 것, 선한 것을 주시는 분입니다.

내 상황과 어려움을 버티는 것을 멈추고 깨알 같이 작은 어려운 마음부터 하나님께 고백하고 하나님의 일하심을 기대해야 합니다. 나와 늘 동행하시는 성령 하나님만이 하실 수 있습니다. 내가 지금껏 알고 있는 하나님이 아니라 모든 상황 가운데서 역사하시는 성령 하나님과 마음, 생명, 사랑을 기대하는 오늘 되시기를 예수 그리스도의 이름으로 기도드립니다.

> "우상의 제물에 대하여는 우리가 다 지식이 있는 줄을 아나 지식은 교만하게 하며 사랑은 덕을 세우나니 만일 누구든지 무엇을 아는 줄로 생각하면 아직도 마땅히 알 것을 알지 못하는 것이요 또 누구든지 하나님을 사랑하면 그 사람은 하나님도 알아 주시느니라"
> (고린도전서 8:1~3)

은혜 없이는…

토요일에 찾아온 몸살로 만만치 않은 주일의 시간을 보냈습니다. 토요일 밤, 약을 먹어도 듣지 않고 힘드니 기도밖에 할 것이 없었습니다.

'아프니까 하나님을 찾게 되는구나. 할 수 있는 방법이 없으니 하나님만 찾게 되는구나.' 내가 비워지고 또 비워지며 겸손함으로 잠자리에 들 수 있었습니다. 아픈 것으로 인해 하나님만을 바라볼 수 있다면, 내 안에 살아있는 내 자아가 죽을 수 있다면 이 또한 축복일 수 있다는 생각을 하게 되었습니다.

하지만 보통 아프게 되면 신경이 예민해지고 온갖 것들이 섭섭하게 느껴지며 치고 올라오는 짜증과 살아야겠다는 본능이 아픈 나의 모든 것을 뒤덮습니다.

어제부터는 배앓이가 시작되었습니다. 무엇을 먹어도 위가 움직이지 않는 것 같습니다. 아무리 소화 잘 되는 것을 먹어도 속은 느글느글하고 명치에 막힌 느낌이 가시지를 않습니다. 예민해지기 시작합니다. 먹을 수도 없고 먹고 싶은 것도 없어서 두 끼를 그냥 흘려보냈지만 아직도 위의 움직임은 멈춰 있는 것 같습니다. 손이 떨리고 얼굴은 찌푸려집니다. 시퍼렇게 살아있는 자아를 만납니다. 모든 의욕이 사라지고 즐겁게 했던 모든 것들이 부담과 피로함으로 다가옵니다.

몸살에 힘겨워할 때는 자아가 죽고 비워짐의 겸손을 경험했지만 배가 아플 때는 자아가 살아나는 것을 경험했습니다. 며칠 새 온탕과 냉탕을 옮겨 다니듯 영성의 위와 아래의 극대점을 전부다 찍었습니다. 아직도 한 결 같이 하나님만을 향하지 못하는 모습, 마음과 생각의 기준이 오롯이 하나님이 되지 못하는 나, 자아가 시퍼렇게 살아있는 나의 모습을 다시금 볼 수 있었습니다.

그래서 하나님의 은혜를 구하며 기대합니다. 내게 선한 것 하나 없어도 마음을 들고 하나님 앞에 다시 섭니다. 상황을 보고 어쩔 수 없는 일이라며 자책하지 않습니다. 합리화하며 회피하지 않고 있는 모습 그대로 하나님께 이것저것 이야기하기 시작합니다.

하나님의 은혜 없이 살 수 없습니다. 조금 괜찮고 모든 것이 순조로울 때는 은혜가 필요 없는 것처럼 보입니다. 하지만 그렇지 않습니다. 이 땅에서의 삶은 늘 불완전하고 수많은 변수로 인해 흔들릴 수밖에 없기 때문입니다. 결국 다시 하나님께로 나오는 방법 밖에 없습니다.

때마다가 아닌, 날마다 내 자아가 아닌 십자가의 은혜로 살아야 합니다. 이것은 하나님이 필요하고 저것은 내가 할 수 있다는 안일한 생각을 접고 마음을 하나님께 다 내어드리고 모든 일에 동행함이 필요합니다.

나 중심으로 그르치고 아프고 관계로 인해 고통 받는 것에서 벗어나 하나님 중심으로 주시는 은혜에 만족하고 감사하며 기대함의 소망으로 살아내는 삶이 되어야 합니다.

오늘의 나는 아직도 힘들지만 하나님이 함께 하신다는 소망이 나를 기쁘게 합니다. 하나님의 은혜가 나를 든든히 합니다. 그래서 오늘도 하나님의 은혜를 구합니다. 주신 은혜로 살아가며 또 다시 부어주실 은혜를 기대하는 오늘 되시기를 예수 그리스도의 이름으로 기도드립니다.

> "소망의 하나님이 모든 기쁨과 평강을 믿음 안에서 너희에게 충만하게 하사 성령의 능력으로 소망이 넘치게 하시기를 원하노라"
> (로마서 15:13)

다윗처럼

기쁠 때, 어려울 때, 행복할 때, 두려울 때, 염려될 때, 갈급할 때마다 늘 언제나 하는 것이 있습니다. 대부분의 사람들은 이럴 때 자신만의 생각에 빠지거나 방법을 찾지만 항상 하나님만을 찾았던 사람이 있습니다.

다윗입니다. 다윗은 기쁠 때도 찬양했고 슬플 때도 찬양했습니다. 좋을 때도 기도했고 어려울 때도 기도했습니다. 어렸을 때부터 만들어진 하나님과의 관계이며 기도하는 습관입니다.

다윗은 어렸을 때 양들을 데리고 들판으로 향했습니다. 누구와 함께하는 것이 아닌 늘 혼자였습니다. 늑대, 사자와 같은 들짐승이 양을 덮칠 때도 있었기에 두려웠고 외로웠고 그래서 들판에 나와 있는 길고 긴 시간은 험난한 시간이었습니다.

두려울 때마다 하나님을 찬양했습니다. 두려울 때마다 돌팔매를 연습하며 지켜주실 것을 기도했습니다. 맑은 하늘을 보며 하나님을 기뻐했고 두려움을 보며 하나님이 주시는 용기를 경험했습니다. 다윗은 찬양을 할 때도 그냥 하지 않았습니다. 하나님이 함께 하심을 기뻐했습니다. 그래서 늘 춤추며 그의 이름을 찬양하며 소고와 수금으로 찬양했습니다. 성소에서, 궁창에서, 어려움 가운데서, 사랑 안에서 호흡이 있는 자마다 하나님을 찬양하라고 선포했습니다.

하나님의 궤가 다윗성에 들어오는 것이 너무나도 기뻐 자신의 바지가 벗겨지는 줄도 모르고 기뻐 찬양했던 다윗. 왕의 신분은 아랑곳하지 않고 내가 더 낮아지고 천해보여도 하나님을 찬양하고 기뻐하는 것을 멈추지 않겠다던 다윗. 다윗은 늘 하나님을 향했습니다. 하나님의 마음을 품고 그 분의 눈으로 삶의 모든 것을 바라보는 사람이었습니다.

죄인 중의 죄인임이 다시금 깨달아지는 요즘, 하나님과 다윗과의 관계가 너무나도 부럽습니다. 하나님 안에서 그토록 자유로웠던 다윗의 영적인 삶이 부럽습니다. 다윗처럼 하나님께 묻고 투정부리고 감사하며 매번 같은 곳에서 넘어지고 뵙기 민망해도 하나님께로만 나아가는 다윗과 같은 사람이 되기를 원합니다.

상황에 구애받지 않고 상태에 낙심하지 않고 자유롭게 하나님을 찬양할 수 있는, 그 어떤 것에도 얽매이지 않았던 다윗과 같은 삶 되기를 원합니다. 하나님을 그토록 기뻐했던 다윗, 다윗을 그토록 사랑하셨던 하나님. 그런 관계가 나에게도 있기를 기대하는 오늘 되시기를 예수 그리스도의 이름으로 기도드립니다.

"다윗을 왕으로 세우시고 증언하여 이르시되 내가 이새의 아들 다윗을 만나니 내 마음에 맞는 사람이라 내 뜻을 다 이루리라 하시더니" (사도행전 13:22)

작심삼일의 이유

모처럼 약속이 생겨 운전하고 가다가 놀라운 일을 경험했습니다. 저도 모르게 출근길을 향하고 있었기 때문입니다. 머릿속은 만나는 사람, 그 만남을 위한 기도만으로 가득 차 있는데 제 몸은 그렇지 않았던 모양입니다.

무언가 하려고, 해보려고 하지만 나도 모르게 이전의 모습으로 돌아오게 되는 작심삼일도 같은 원리입니다.

몸의 살을 빼려고 노력하지만 몸은 도와주지 않습니다. 몸은 우리의 의지와 수고, 노력을 보는 것이 아니라 다시 원래 상태로 돌아가려고만 합니다. 이것을 '항상성의 원리'라고 합니다. 변화하고 달라지는 것이 아니라 여러 가지 환경 변화나 스트레스가 올 때 내부를 일정하게 유지하려는 과정 또는 그 상태를 '항상성'이라고 하는 것입니다.

모든 전자기기에 초기 값이 있듯 늘 우리는 그렇게 만들어진 기본값을 향해 가는 것 같습니다. 모든 기기를 출시할 때 기본값이 주어지듯 우리는 그 기본값만을 향해 매번 가려고 합니다.

자각과 결단이 필요한 순간입니다.

변화는 선택이라고 생각할 때가 있지만 그렇지 않습니다. 성장하는 자녀들이 몸도 크고 목소리도 변하고 자아가 자라는 것은 선택하는 것이 아니듯 한 인간으로서 성장하기 위해서는 반드시 변화 또는 변질 중 한 편에는 서야만 하는 것입니다.

변화는 항상성을 이겨내는 것이며 변질은 지금의 상태를 유지하는 것입니다. 이겨내는 것은 거스르는 것이기에 어려울 것 같고 유지하는 것은 쉬울 것 같아 나도 모르게 본능적으로 변질을 선택하게 되지만 결국 둘 다 힘겨운 길임을 알게 됩니다.

거친 파도가 계속 밀려오는 인생에서 지금을 유지하기 위해서는 끊임없이 노를 저어야 하기 때문입니다. 그 항상성을 이겨내며 한 번 더 노를 젓는 것, 편안함과 안일한 생각을 뒤로 하고 목적 있는 삶을 바라봐야 합니다.

유지하면 변하지 않을 것 같지만 늘 변하는 것이 마음이며 생각입니다. 결국 끊임없는 자각과 결단을 통해 유지될 수 있는 것입니다. 이것이 바로 변화를 선택하는 것입니다. 지금은 비슷한 형편과 처지이지만 시간이 갈수록 완전히 달라진 인생을 살아갈 수 있는 이유는 항상성을 이겨내고 변화의 자리에 섰기 때문입니다.

내게 환란이 온다고 해서 하나님이 없는 것이 아닙니다. 나를 버린 것도 아닙니다. 내가 하나님을 떠날 이유도 되지 않습니다. 주시는 모든 것은 항상성을 깨고 변화를 통해 성장과 성숙함을 주시려는 아버지 하나님의 깊은 사랑이 담겨져 있는 것입니다. 변화와 기대를 선택하는 오늘 되시기를 예수 그리스도의 이름으로 기도드립니다.

"그러므로 내가 그리스도를 위하여 약한 것들과 능욕과 궁핍과 박해와 곤고를 기뻐하노니 이는 내가 약한 그 때에 강함이라"
(고린도후서 12:10)

선명하게, 분명하게

아들이 컴퓨터로 영어공부를 하다가 마우스가 작아서 이전처럼 잘 되지 않는다고 하면서 바꿔야 한답니다.

그래서 한 마디 해줬습니다. 마우스는 그대로인데 네 손이 큰 것일 뿐이고 마우스 기능이 안 되는 것이 아니라면 너는 집중하고 있지 못하다는 뜻이고 결국 공부하기 싫어서 다른 핑계를 대고 있는 거니까 잘 생각해보라고 해줬습니다. 그랬더니 피식 웃습니다.

우리도 때로는 공부가 안 된다며 장소를 바꿔봅니다. 쓰던 공책과 펜까지다 바꿉니다. 집중하지 못하는 것은 자신의 생각과 마음에 있다는 것을 알면서도 잘못된 반복을 계속합니다. 삶의 만족이 되지 않는다고 직장을 바꿔봅니다. 함께 일하는 사람들 때문에 도무지 일할 수 없다고 합니다. 회사의 방침이 기준도 없이 바뀐다며 하소연하며 이리저리 옮겨 다닙니다.

우리 신앙도 마찬가지입니다. 이 교회 저 교회를 기웃거립니다. 기도하러 여러 기도원을 찾아봅니다. 묵상책도 바꿔보고 여러 가지의 방법을 생각해봅니다. 모두 같은 모습입니다.

탓하는 이유 중 틀린 말은 하나도 없습니다. 이성적, 합리적으로 전부 다 맞는 말입니다. 하지만 중요한 한 가지를 놓치고 있습니다. 변함없이 우리와 함께 하고 있는 하나님입니다. 어제나 오늘이나 영원토록 동일하게 사랑해주시는 하나님. 내가 인정하든 인정하지 않든 관계없이 내 곁에서 인도해주고 사랑해주시는 하나님입니다.

컴퓨터 마우스는 언제나 그 자리에서 똑같은 일을 합니다. 함께 했던 펜은 늘 내가 원하는 대로 쓰여 지는 일을 반복하고 있습니다. 하나님도 우리의 인식과 관계없이 늘 우리 곁에 계십니다. 언제나 늘 변하는 것은 내 마음입니다. 하나님을 향한 내 태도입니다. 문제가 생기고 마음의 어려움이 생길 때마다 하나님을 찾지 않고 지금껏 살아왔던 내 경험과 이성을 따라 살아가는 결과는 변질되어버리는 내 믿음입니다. 하나님을 멀리하는 내 모습인 것입니다.

공부할 때 내가 왜 공부하고 있는지의 목표가 분명하다면 다른 이유를 생각하지 않습니다. 도구 탓도 하지 않습니다. 다른 이유가 생길 때마다 나 스스로를 점검하며 책상에 스스로를 끌어다 앉힐 것입니다.

자신의 마음을 스스로 들여다볼 수 있어야 합니다. 내 감정이 어디서 와서 왜 이런 상황을 향해 가고 있는지를 점검할 수 있어야 합니다. 늘 변함없으신 하나님의 약속을 붙잡고 삶의 목적을 분명히 해야 합니다. 기차가 연착이 되어도 자동차 사고가 나도 잊지 말아야 할 것은 내가 어디로 왜 무엇 때문에 가고 있는지의 이유입니다. 선명한 만큼 다른 것을 탓하거나 비난하지 않고 명확하게 살아갈 수 있습니다.

마음에 소명과 사명, 정체성이 채워지고 생명됨을 기대하는 오늘 되시기를 예수 그리스도의 이름으로 기도드립니다.

> "온 땅이여 여호와께 즐거운 찬송을 부를지어다 기쁨으로 여호와를 섬기며 노래하면서 그의 앞에 나아갈지어다 여호와가 우리 하나님이신 줄 너희는 알지어다 그는 우리를 지으신 이요 우리는 그의 것이니 그의 백성이요 그의 기르시는 양이로다" (시편 100:1-3)

다른 방법은 없습니다

하나님을 잘 섬기는 하나님의 자녀라도 사고는 날 수 있습니다. 아플 수도 있고 사업이 잘 되지 않을 수도 있습니다. 성공하지 못할 수도 있습니다. 물론 그 반대일수도 있습니다.

당장 일어나는 일들이 우리 삶에 어떻게 흘러가리라는 것을 알 수 있는 사람은 없습니다. 확실한 것은 하나님은 하나님의 계획과 뜻, 그 때 안에서 모든 것을 성취하시고 이루실 것이라는 사실입니다. 우리의 시선과 기준으로 성공과 실패를 나누는 것이 아니라 하나님의 시선으로 판단되어져야 합니다.

교통사고가 나도, 아픔이 있어도, 실패하고 있는 상황에서도 우리 눈으로 볼 때 좋고 나쁨이 아닌 하나님의 뜻 안에서 이루어지는 것이 삶이라는 것입니다. 어떤 일이든 하나님의 필요에 따라 이루어지는 것입니다.

우리가 예수를 그리스도로 믿고 하나님을 하나님으로 여긴다면 이러한 삶의 태도와 모습은 당연한 것이 되어야 합니다. 이것이 하나님을 경외하고 하나님께 주권을 내어드린 모습이기 때문입니다.

교회에도 열심히 다니고 하나님을 섬기지만 이해할 수 없는 어려움과 아픔을 겪을 수 있습니다. 그 때 가장 먼저 드는 생각은 '왜? 나에게? 하나님 도대체? 왜요?'입니다. 하나님을 인정하고 경외하지만 내 삶에 위기가 닥쳐오면 하나님을 향해 날선 분노와 원망을 쏟아놓게 됩니다. 원망과 불평이 상황에 매우 합리적이고 상식적으로 보여 똑같은 반응을 때마다 계속하게 됩니다.

이때가 매우 중요합니다. 감정과 상황에 빠져들지 말고 해야 할 것이 기도입니다. 하나님의 계획, 뜻, 때, 방법을 인정하고 겸손하게 하나님께 기도해야 합니다.

없던 믿음까지 짜내어 하나님을 향해야 하는 위기의 순간에 분노와 원망으로 시간을 허비해서는 안 됩니다. 우리 믿음의 수준의 바닥을 보여서도 안 됩니다. 야곱처럼 나를 축복하시기 전까지는 가지 못한다며 씨름하는 것이 필요합니다.

원망과 불평 다음 단계는 의심하는 것입니다. 그럼에도 불구하고 의심이 아닌 믿음을 선택해야만 합니다. 살려달라고, 오직 하나님 밖에 없다고, 하나님의 뜻이라면 감사하겠다며 겸손히 나를 낮추고 하나님만을 향해야 합니다. 그 문제의 해결 유무와 관계없이 어제와 오늘이나 영원토록 변함없이 영원히 함께 하시는 주님만을 향해야 합니다.

기도 외에는 방법이 없습니다. 하나님의 포도나무에 접붙여진 인생이 되어야 합니다. 분석하고 해석하지 말고, 생각하지 말고, 상황을 모면하려고만 하지 말고 겸손히 어려움을 들고 하나님 앞에 나와야 합니다. 기도의 자리, 하나님의 마음 그 말씀으로, 기대함으로 살아가기로 결단하는 오늘 되시기를 예수 그리스도의 이름으로 기도드립니다.

> "그가 그 곳 이름을 맛사 또는 므리바라 불렀으니 이는 이스라엘 자손이 다투었음이요 또는 그들이 여호와를 시험하여 이르기를 여호와께서 우리 중에 계신가 안 계신가 하였음이더라" (출애굽기 17:7)

2. 믿음편

간절함

교회를 다니는 사람 중에서도 하나님을 만나지 못한 사람이 생각보다 아주 많습니다. 성경에서는 찾는 자마다 만나주시겠다고 하셨고 부르짖는 그 기도에 응답하시겠다고 하셨음에도 불구하고 그 약속은 이미 내 마음속에서 색을 잃었고 사라진지 오래입니다.

'언젠가는 만날 수 있는 날이 오겠지'라는 안일한 마음만 가득합니다. 혹시 내 믿음이 너무 작아서 그런 것은 아닌지에 대한 불안한 마음으로 만난 척하며 회피하고 살고자 하는 마음이 앞섭니다. 이 모든 것에 하나 빠진 것이 있습니다. '간절함'입니다.

하나님은 내가 찾을 때마다, 내가 원할 때마다 나타나주시고 응답해주는 램프의 요정이 아닙니다. 하나님이 내 마음대로 움직여주시는 것이 아닌 내가 그 뜻대로 순종하는 것이 믿음입니다. 하나님을 하나님으로 여기지 못할 때 가장 먼저 사라지는 것은 '간절함'입니다.

내가 중심이 된 신앙은 올바른 것이 아닙니다. 하나님 중심이 되어야 합니다. 내 생각보다 하나님의 생각, 내 뜻보다 하나님의 뜻, 내 기쁨보다 하나님의 기쁨이 우선되어지지 않는다면 온전히 하나님을 믿고 있는 것이 아닙니다.

하나님을 만나지 못한 사람들 대부분 스스로가 하나님의 자리에 있다는 것을 알아야 합니다. 간절하게 하나님을 찾고 부르짖고 기도한다는 것은 내가 무언가를 하는 것이 아닌 하나님의 응답을 기다리는 온전한 백성, 자녀로서의 모습이고 태도입니다.

어려운 환경과 아픔을 극복하고 자란 사람들의 특징은 '간절함'이 있다는 것에 있습니다. 그리스도인의 특징도 하나님을 찾는 '간절함'에 있습니다. 그렇지 않은 사람의 특징은 '조급함'으로 나타나게 됩니다.

하나님이 내 하나님이 되고, 예수님이 그리스도가 되고, 성령님이 내 삶의 주관자가 되실 수 있도록 내 마음을 내어드리고 고백하고 쏟아 놓지 않고서는 간절함을 품을 수 있는 길은 없습니다. 하나님이 나를 사랑하심으로 십자가의 은혜로 죄에서 해방된 존재라는 분명한 믿음, 정체성 없이는 내가 주인 되는 삶을 벗어날 수 없습니다.

기도를 오래하고 헌금을 많이 드리며 예배에 자주 참여하는 것만이 아니라 내 삶의 하나님이 하나님 되고 있는지, 내가 하나님의 백성으로서의 삶을 살고 있는지 확인해야 하는 것이 먼저입니다. 나도 모르게 인생의 핸들을 내가 잡는 일이 없도록 해야 합니다.

조급함이 아닌 하나님의 사랑을 입고 하나님을 간절히 찾음으로 만남을 경험하는 오늘 되시기를 예수 그리스도의 이름으로 간절히 기도드립니다.

> "나를 사랑하는 자들이 나의 사랑을 입으며 나를 간절히 찾는 자가 나를 만날 것이니라" (잠언 8:17)

믿으면 따르라

'친구 따라 강남 간다.'는 속담이 있습니다. 자기는 하고 싶지 않지만 남에게 끌려서 덩달아 하게 됨을 이르는 말입니다. 수동적인 삶의 태도입니다. 이 속담에 하나를 덧붙여 봅니다. 내 의지가 별로 없어도 친구 따라 강남을 가게 되는 이유는 그 친구를 어느 정도 믿는 구석이 있기 때문입니다.

친구에게 보증을 서주고 큰돈을 꿔줄 수 있는 이유도 마찬가지입니다. 상대방을 믿기 때문입니다. 믿지 않는다면 아무리 강남이라도 따라가지 않을 것이고 보증도 서지 않고 돈을 꿔줄 이유도 없습니다.

여러분은 하나님을 믿으십니까? 천지를 창조하시고 전능하시고 무소부재하시며 우리의 생사화복을 주관하시는 하나님. 어제나 오늘이나 영원토록 동일하게 우리를 그 무엇보다 사랑하시는 하나님을 믿습니까?

믿는다면 교회를 다니는 것에 그쳐서는 안 됩니다. 그 분을 따라가야 합니다. 하나님을 믿는다면 내 마음을 드릴 수 있어야 합니다. 마음이 없어도 덩달아 예수님이 가신 그 길을 따라 걸을 수 있어야 합니다. 그렇지 않다면 우리는 아직 하나님을 하나님으로 믿고 있지 않은 것입니다.

예수님은 말씀하셨습니다. "나를 따르라. 내가 너희를 사람 낚는 어부가 되게 하리라." "수고하고 짐 진 자들아. 다 내게로 오라 내가 너희를 쉬게 하리라." "누구든지 자기 십자가를 지고 나를 따르지 않는 자도 능히 내 제자가 되지 못하리라."

예수님께로 올 수 있고 따를 수 있는 자만이 믿는 자일 뿐 아니라 제자가 될 수 있음을 말씀하신 것입니다. 예수님은 낮은 곳, 소망이 없는 사람들만을 찾아 다니셨습니다. 그들을 만나기 위함이었습니다. 위로하고 그 상황을 변화시키는 만남이 아닌 더 중요하게 여기시는 것이 있었습니다.

가장 먼저 보시는 것은 '믿음'이었습니다. 믿음이 없는 자는 꾸짖으셨고 믿음이 있는 자는 칭찬해주셨으며 아무리 어수선한 상황, 아무리 어려운 사람이 있어도 상황과 상태를 본 것이 아니라 오직 그들의 믿음만을 보셨습니다. "너희 믿음대로 될지어다."라고 강력하게 선포해주셨습니다.

오늘 우리에게 믿음이 있는지를 물으신다면 우리의 입술의 고백을 넘어 우리 삶으로 이를 증명해야 할 것입니다. 예수 그리스도가 걸어가신 그 길을 걷고 있음으로 우리의 믿음이 확인되어져야 합니다.

하나님이 주신 말씀대로 살지 못한다는 것은 결국 내 믿음의 수준을 그대로 드러내는 것과 같습니다. 믿음 없이는 하나님께 나아올 자가 없고 하나님을 기쁘시게 할 수도 없으며 기적의 열매, 구원의 열매를 맛볼 수도 없습니다.

믿으면 따르게 됩니다. 믿으면 하게 됩니다. 믿을 수 없는 상황이라도 믿음을 지킬 수 있게 됩니다. 진정한 믿음은 믿을 수 없을 때 믿는 것입니다. 끝까지 믿는 것입니다. 스스로가 아닌 하나님의 말씀을 믿고 의지하며 살아가기를 결단하는 오늘 되시기를 예수 그리스도의 이름으로 기도드립니다.

> "제자들이 나아와 깨워 이르되 주여 주여 우리가 죽겠나이다 한대 예수께서 잠을 깨사 바람과 물결을 꾸짖으시니 이에 그쳐 잔잔하여지더라 제자들에게 이르시되 너희 믿음이 어디 있느냐 하시니..."
> (누가복음 8:24-25)

무엇을 향하는가?

"한 사람의 열 걸음보다 열 사람의 한 걸음이 더 크다." 영화 말모이에 나오는 대사입니다. 열정을 가지고 나라의 언어를 지키는 것도 중요하고 많이 배운 사람의 희생과 헌신도 중요하지만 이 또한 천하고 부족한 자를 비롯해 백성 모두가 함께 하지 않으면 이룰 수 없다는 것을 말하고 있는 대사입니다.

"기도하는 한 사람이 기도하지 않는 한 민족보다 강하다." 스코트랜드의 종교개혁자였던 존 낙스가 했던 말입니다. 많은 사람들이 함께 하는 것도 중요하지만 그 함께 함의 방향과 기준이 어디를 향하는지가 훨씬 더 중요하다는 것을 말하고 있습니다. 기도와 예배, 삶의 걸음 모두가 어디를 향하고 있는지의 방향이 중요한 것입니다.

먹고 살기 어렵던 우리나라가 1인당 GDP 3만 불 시대를 살아가고 있지만 크게 와 닿지 않습니다. 물론 나라가 잘 살아야 하지만 치열한 경쟁으로 열심히 살아갈 때 맛볼 수 있는 삶의 재미, 성취를 느낄 수 없을 뿐 아니라 정(情)까지도 사라지고 있는 세태에 씁쓸한 마음이 더 큽니다.

일인당 국민소득을 올려야 선진국이 될 수 있다고 떠들어대던 정부와 언론. 소득의 수준으로 선진국이 될 수 있는 걸까요? 그것만이 행복해질 수 있는 길인가요? 우리 자녀에게 주어야 하는 가장 중요한 것인가요?

그래서 웰빙(well-being)이라는 단어가 늘 화두가 됩니다. 먹고 살기 바쁜 것을 넘어 이제는 육체적·정신적 건강의 조화를 통해 행복을 추구하는 문화가 드러난 것입니다. 불확실한 미래보다는 당장 지금 행복하겠다는 욜로족(YOLO: You Only Live Once)의 등장은 적나라한 현실을 마주하게 합니다.

이제는 웰다잉(well-dying)의 시대입니다. 의학의 발달로 고령화가 진행됩니다. 육체적·정신적으로 혼자 감당하기 어려운 상황이 오고 고독사가 많아지며 삶이 고되어 기대수명이 길어지는 것에 대한 회의가 생겨난 것입니다. 왜 잘 살아야 할까요? 명문 대학에 들어가고 좋은 직장에 들어가는 것이 정말 내 삶을 아름답게 할 수 있는 걸까요? 누가 우리 삶의 방향을 정하는 것입니까? 어떤 삶이 맞는 걸까요?

시대적 상황 가운데 사회가 던져주는 환경과 열매가 우리 삶을 결정짓는 전부가 되어서는 안 됩니다. 어떠한 상황 가운데서도 걸어낼 수 있는 기준이 있어야 합니다. 내 삶의 존엄과 가치가 보장되어야 합니다.

하나님이 주신 진리는 삶이 생명으로의 가치를 갖게 합니다. 늘 연약한 나를 사랑해주시고 내가 어찌할 수 없는 죄의 대가를 직접 모두 치러주셨을 뿐 아니라 누구에게나 소중한 재능, 달란트를 주어 서로가 서로를 섬기며 하나님을 향해 살게 하셨기 때문입니다.

웰빙, 욜로, 웰다잉과 같이 세태에 치우치지 않고 하나님의 사랑 안에 있음으로 늘 사랑하고 섬기고 기뻐하고 나누는 일을 하게 됩니다. 이러한 삶을 주신 것 자체가 기쁜 소식이기에 이를 복음(福音:복된 소식)이라고 합니다. 복음은 삶의 방향이 하나님을 향하게 하고 믿음으로 인해 변하지 않는 사랑의 가치를 품고 전하게 합니다. 살아갈 분명한 이유와 방향이 되는 것입니다.

늘 변화하는 세상의 흐름에 쓸려가는 것이 아니라 우리의 길이 되고 진리가 되고 생명이 되어주심으로 사명자로서의 삶을 놓치지 않게 해주시는 복음으로, 믿음으로 살아가는 오늘 되시기를 예수 그리스도의 이름으로 기도드립니다.

> "복음에는 하나님의 의가 나타나서 믿음으로 믿음에 이르게 하나니 기록된바 오직 의인은 믿음으로 말미암아 살리라 함과 같으니라"
> (로마서 1:17)

BIBLE
TALK

믿음은 자라는 것

우리가 살아가는 일상(日常)이라는 것은 반복됨 그리고 익숙함이라는 단어로 표현할 수 있습니다. 대단한 일을 하는 사람에게도, 누구나 할 수 있는 일을 하는 사람에게도 일상이라는 것은 같은 의미로 다가올 것입니다.

일상이 늘 반복된다고 해서 일탈을 꿈꾸는 사람도 있지만 일탈이라는 것 또한 일상으로 돌아온다는 것을 전제로 하고 있습니다. 모든 사람이 순풍에 돛단 듯 일상 가운데서도 평안하게 살면 참 좋겠지만 그렇지 않은 것 또한 일상입니다.

매번 넘어지는 곳에서 넘어지고 매번 지었던 죄 앞에서 실족하는 일상으로 인해 자책함을 넘어 자괴감까지 들게 만듭니다. 죄라는 것은 늘 우리의 마음을 빼앗고 흩어버리며 사망으로 이끄는 능력이 있기 때문입니다.

죄를 말갛게 씻어주시는 하나님을 향하면 되지만 많은 사람들이 자신을 사랑해주신 하나님을 뵐 낯이 없다는 이유로 하나님을 멀리하는 모습을 자주 보게 됩니다. 씨를 심는 순간 갑자기 열매가 될 수는 없습니다. 어떻게 믿음이 심겨지는 즉시 자라날 수 있습니까? 운동을 시작한 다음 날 근육이 갑자기 커질 수는 없는 것입니다.

죄로 인해 자책하고 하나님에게서도 멀어지는 것은 바람직하지 않은 행동입니다. 우리의 연약함을 아시기에 예수님이 승천하시면서 우리에게 보혜사 성령님을 보내주신 것입니다. 동행도 어려우니 내주(內住)해주시는 것이 최선이라 여기신 게 아닐까 생각해봅니다.

넘어지는 것을 우습게 여겨서는 안 됩니다. 같은 죄 앞에서 실족하는 것도 마찬가지입니다. 중요한 것은 다시 일어나는 일입니다. 다시금 하나님의 은혜에 힘입어 죄와 싸워내는 일입니다. 매번 넘어지고 일어남의 일상을 통해 몸에 근육이 생기듯 믿음의 영적근육이 생기는 것입니다. 믿음이 자라나고 하나님과 깊은 교제를 할 수 있게 되는 것입니다. 일상의 일들을 통해 분야의 전문가로 숙련되어지는 것과 같습니다.

베드로는 다른 제자들보다 믿음이 좋았습니다. 예수님이 물 위를 걸으실 때 자신을 명하여 물위를 예수님처럼 걸을 수 있게 해달라고 요청했습니다. 놀랍게도 예수님과 함께 걸을 수 있었습니다.

그러나 시선이 예수님으로부터 파도와 환경으로 옮겨오는 순간 물에 빠지고 말았습니다. 예수님이 베드로에게 말씀하셨습니다. "믿음이 작은 자야. 어찌 의심하였느냐?" 교회에 오래 다녔다고 믿음이 자라는 것이 아니라 실족하는 일상을 하나님께 가져옴을 통해 믿음으로 자라나는 것입니다. 믿음 또한 다른 것과 마찬가지로 작은 것에서부터 시작되는 것입니다.

일상의 삶 속에서 하나님을 향한 시선을 놓치지 말아야 합니다. 나를 향하게 될 때 자책하게 되지만 하나님을 향할 때 은혜를 구하게 됩니다. 넘어지고 일어남을 통해, 죄를 범하고 다시 새로워짐을 통해 영적근육, 믿음이 자라나는 오늘 되시기를 예수 그리스도의 이름으로 기도드립니다.

"예수께서 즉시 손을 내밀어 그를 붙잡으시며 이르시되 믿음이 작은 자여 왜 의심하였느냐 하시고" (마태복음 14:31)

맡기며 사세요

주일예배 중 찬양을 부르는 시간은 큰 은혜가 있지만 동시에 어렵고 부담스러운 부분이기도 합니다. 아내의 반주에 맞춰 홀로 찬양을 인도해야하기 때문입니다. 늘 목의 컨디션이 좋지도 않을뿐더러 박자 감각이 그리 뛰어난 편이 아닌 것도 이유입니다.

토요일 밤, 예배를 위해 기도하는데 마음이 더 무거웠습니다. '생전 처음으로 교회에 참석한 청소년 여자아이들이 찬양을 이해할까? 잠시 한국에 머물러 오신 어르신 부부가 이 찬양을 따라하실 수 있을까? 너무 올드하다고 했었는데 내일 찬양도 그런 것 같은데…'

마음이 점점 더 무거워졌습니다. 그렇게 근심을 안고 기도하던 중 순간 마음이 너무나도 평안해졌습니다. 이렇게 기도했습니다. "하나님. 너무 부담스럽습니다. 모두가 찬양을 기쁘고 깊게 평안하고 온전하게 할 수는 없을까요?" 라며 구구절절 하소연하기 시작했습니다. 하나님은 저에게 이런 마음을 주셨습니다. "다른 사람들의 마음은 내가 알아서 할 부분이고 너는 그저 나를 기쁨으로 마음을 다해 찬양하면 되는 거 아니겠니?"

마음이 평안했습니다. 사람들을 어떻게 찬양하게 할까라는 관점에서 하나님이 기뻐하시는 찬양을 드려야겠다는 마음으로 다시금 돌이켜졌기 때문입니다. 맡겨야 할 것은 맡기지 못하고 기뻐할 것을 기뻐하지 못했음을 깨닫고 기도하며 마음 편히 웃으며 잠이 들었습니다.

고민하는 것과 기도하는 것은 완전히 다릅니다. 그러나 같은 것이라고, 같을 것이라며 착각 속에 살아갈 때가 너무나도 많습니다. 내가 해야 할 것과 맡겨야 할 것이 무엇인지조차 분별하지 못하며 살아갈 때가 많습니다.

분명한 것은 하나님은 자녀 된 우리, 하나님의 소유된 우리를 그냥 내 버려두지 않는다는 사실입니다. 힘들고 어렵고 아플 때 그냥 버티고 이겨내라 말씀하시는 분도 아닙니다. 하나님께 가지고 나오기를 원하십니다. 기도하고 토설하며 의뢰하고 의지하기를 눈 빠지게 기다리고 계십니다. 너무나도 오래 기다리고 계십니다.

하나님을 너무 오래 찾지 않아 서먹해서, 너무 쉬운 것을 가지고 기도한다며, 이것만큼은 내가 견뎌 내야할 것이라고 애써 마음을 위로하며 열심히 살아가지만 결국에는 맡겨야했던 것이라는 후회만 남게 될 뿐입니다.

나의 열심으로 살아감이 아닌 하나님께 의뢰함에 대한 성실함으로, 믿음으로 살아가는 오늘 되시기를 예수 그리스도의 이름으로 기도드립니다.

> "여호와를 의뢰하고 선을 행하라 땅에 머무는 동안 그의 성실을 먹을거리로 삼을지어다 또 여호와를 기뻐하라 그가 네 마음의 소원을 네게 이루어 주시리로다" (시편 37:3-4)

믿음으로 채워가는 일상

며칠 전에 인터넷에 뜬 TV영상을 보았습니다. 가수이자 연예기획사 대표인 박진영 씨가 한 말이 와 닿았습니다. 구내식당은 직원, 소속 연예인들 뿐 아니라 연습생들까지도 먹을 수 있는 공간이며 이들을 위해 유기농과 같은 최고의 재료를 사용해서 매년 식대로만 20억이라는 비용이 지불된다는 것이었습니다.

여기에 한 마디 붙인 게 감동이 되고 마음에 와 박혔습니다. "곳곳에서 확률을 높여야 전체의 확률을 높일 수 있습니다." 경영자로서, 인재를 양성하는 선생님으로서 굉장히 중요한 인사이트를 주었다고 생각합니다.

저는 확률이라는 단어가 믿음으로 들렸습니다. "삶의 곳곳에서 믿음을 가져야 전체의 믿음이 깊어질 수 있다." 많은 사람들이 잭팟, 한방을 기대합니다. 무언가 한 방에 인생을 역전하려고 합니다. 그렇지 않은 사람도 하루하루 열심히 살아도 눈에 보이고 주어지는 것이 별로 없다보니 삶의 확신이 없습니다.

일상에 대한 감사보다는 허탈감이 더 큽니다. 열심보다는 마지못해 합니다. 기쁨보다는 어쩔 수 없이 살아갑니다. 사랑을 배우고 나누는 삶의 동력인 가족을 사랑보다는 짐으로 여겨집니다.

삶의 곳곳에서 기쁨이 없다면 인생의 기쁨을 가질 수 없습니다. 삶의 곳곳에서 소망을 가져야만 인생의 소망이 세워질 수 있습니다. 작은 것에서 믿음을 갖지 못한다면 우리의 신앙은 의미 없는 것이 되어 버릴 것입니다. 작은 것을 기도로 아뢰지 못하면 큰 것도 마찬가지가 되어 버립니다. 한 걸음을 우습게 여기지 말아야 할 이유입니다. 작은 빗방울이 모여 강을 이룬다는 것을 기억해야 합니다.

일상에서 믿음을 체험하지 못한다면, 삶 속에서 하나님의 말씀을 소유해내지 못한다면 주신 약속의 성취를 경험할 수 없습니다. 내 삶과 내 마음의 곳곳을 점검해봐야 합니다. 찌든 누룩을 털어내고 믿음, 소망, 사랑의 꽃망울이 다시금 터져 나올 수 있도록 힘써야 할 때입니다. 삶의 곳곳에서 믿음을 가져야 온전한 믿음을 소유하고 그 믿음 또한 깊어질 수 있습니다.

믿음의 확률을 높여가는, 신뢰의 깊이를 더해가는 오늘 되시기를 예수 그리스도의 이름으로 기도드립니다.

"지극히 작은 것에 충성된 자는 큰 것에도 충성되고 지극히 작은 것에 불의한 자는 큰 것에도 불의하니라" (누가복음 16:10)

오직 믿음으로!

오늘 아침에는 모든 것이 엉망이 되어 버렸습니다. 코감기에 걸린 첫째는 아침에 일어나지를 못합니다. 둘째는 일어나서 목이 너무 아프다고 보채기 시작합니다. 몸도 마음도 지쳐 겨우 힘을 내 일어났음에도 아직 하지도 않은 일에 눌립니다.

바쁜 일정으로 아침 일찍부터 기도하고 찌개를 끓이며 분주하게 움직이고 있었는데 순식간에 무너져버렸습니다. 두 아이의 담임 선생님께 연락을 하고 병원에 데리고 가고 약을 먹여 학교에 들여보냈습니다. 여기서 끝이 아닙니다. 학원마다 연락해서 일정을 조정해야 합니다. 스케줄도 아이에게 다시 맞춰야 합니다.

인생의 계획도 늘 어긋나기만 합니다. 목표를 향해 이를 악물고 버티고 견디며 힘껏 살아보지만 거두어지는 열매는 별로 없고 보잘 것 없어 보이기까지 합니다. 조금만 더 가면 되는데 건강이 받쳐주질 않습니다. 주변은 도움이 되기는커녕 공감도 못해줍니다.

엎친 데 덮친 것처럼 또 다른 일들이 줄줄이 다가와 내 마음을 무너지게 만듭니다. 파도가 밀려오듯 끊임없는 어려움으로 내 마음에는 어느새 낙심, 절망, 분노만이 가득합니다.

이럴 때마다 기억해야 할 것이 있습니다. 내가 보기에 잘 되는 것, 내 계획대로 되어지는 것을 보며 안심하게 되지만 전부가 아니라는 것입니다. 하나라도, 아주 조금이라도 삐걱거리게 되면 또 다시 마음이 무너져 내리기 때문입니다.

인생에 변수라는 것은 늘 찾아옵니다. 아무리 계획을 세우고 준비해도 완벽할 수는 없습니다. 완전할 수도 없습니다. 이 또한 내 바람일 뿐입니다. 그런 것은 애초에 세상에 존재하지 않습니다. 변수는 나를 힘들게 하는 것이 아닙니다. 변수는 하나님의 일하심입니다. 내 생각을 바꾸고 내 그릇이 온전하여질 수 있도록 다루어지는 일이 되어야 합니다. 변수는 하나님의 개입하심입니다. 내가 생각하지 못했던 것까지 챙겨주시기 위한 도움의 손길임을 알아야 합니다.

누구나 믿을 수 있는 것을 믿는다고 말하지 않습니다. 믿을 수 없을 때 믿는 것을 믿음이라고 말합니다. 누구나 할 수 있는 것을 할 때 용기 있다고 말하지 않습니다. 할 수 없을 것 같은 그 일을 행하는 것을 용기 있다고 말합니다. 힘들고 어려운 일을 겪게 될 때 우리에게 필요한 것은 믿음입니다. 하나님의 개입해주심과 도와주심 그리고 보호해주심을 믿는 것입니다.

힘들고 지치고 견디기 어려울 때 하나님을 바라보며 믿음이 견고해지는 오늘 되시기를 예수 그리스도의 이름으로 기도드립니다.

"우리가 알거니와 하나님을 사랑하는 자 곧 그의 뜻대로 부르심을 입은 자들에게는 모든 것이 합력하여 선을 이루느니라"
(로마서 8:28)

입증책임=믿음증명

사랑을 하게 되면 늘 사랑하는 사람이 생각나고 그 사람을 위해 무엇을 해줄 수 있을지 행복한 고민을 하게 됩니다. 고민에서 그치면 안 됩니다. 사랑은 말만으로 되지 않습니다. 사랑에 대한 행동이 반드시 따라야 사랑인 것입니다.

믿음도 같습니다. 예수를 그리스도로 믿는다면 그 사랑, 은혜를 매일 사모하게 되고 감사함으로 무엇을 드릴 수 있을지를 고민하게 됩니다. 교회에 왔다 갔다 한다고 믿음이 있는 것이 아닙니다. 예수를 그리스도로 믿는 것, 내 죄의 대가를 치르기 위해 십자가에서 나를 위해 죽으신 것을 믿는다면 늘 십자가를 마음에 간직하고 살아가게 됩니다.

성령 충만하면 내 경험, 이성, 지식을 따르지 않습니다. 하나님의 뜻, 때, 방법을 따르게 됩니다. 내 생각과 내 의가 아니라 하나님의 생각과 그 의를 따르고자 합니다. 내 감정에 치우치기보다 그리스도의 마음을 품고 상대방의 마음을 헤아리고 긍휼히 여기는 마음이 생깁니다.

복음을 전하면 귀찮아합니다. 그러면서 보이는 증거를 내놓으라고 합니다. 결국 당신들이 믿는 그 예수를 내 앞에 데려다놓으면 믿어보겠다는 것입니다. 말씀이 육신이 되어 이 땅에 오신 예수님을 만나는 방법은 성경 말씀을 읽는 것입니다. 그럼에도 보여줄 수 있는 것이 있습니다. 예수님을 따르고 닮아가고 있는 우리의 모습입니다.

냉장고에 말씀을 붙여놓고 지키려고 애쓴다고 믿음이 생기고 그렇게 살아가게 되는 것이 아닙니다. 예수님의 은혜와 하나님의 사랑과 성령님의 동행하심으로 인해 내 삶이 그렇게 되어지는 것입니다. 나를 위해 십자가에서 아무런 대가 없이 우리 죄의 대가를 치러주심이 은혜일 뿐 아니라 삶의 모든 영역이 간섭해주시고 보호, 인도해주시는 내가 자랑할 것 없는 하나님의 은혜입니다.

은혜로 살아가는 모습을 보며 사람들이 궁금해 합니다. '어떻게 저렇게 어려운 삶 가운데, 고난과 환란 가운데서도 평안할 수 있고 감사할 수 있는가?' '억울한 상황 가운데서도 저렇게 용서하는 것이 가능할까?'

사랑은 말로 하는 것이 아니듯, 믿음도 성령 충만함도 말로 하는 것이 아닙니다. 인격적인 만남을 통해 경험되어지고 그 경험이 시작점이 되는 것입니다. 행함이 없는 믿음은 죽은 믿음입니다. 믿는다는 고백에 그치는 것이 아니라 그 뜻대로 살아가야 진짜 믿음이 되는 것입니다.

선택과 결단이 필요한 이유입니다. 우리 믿음은 삶으로 입증되어지는 것입니다. 예수 그리스도는 우리의 삶으로 보여지게 되는 것입니다. 거짓과 가식 없는 진실함으로 하나님을 향하는 오늘 되시기를 예수 그리스도의 이름으로 기도드립니다.

> "너희 마음에 그리스도를 주로 삼아 거룩하게 하고 너희 속에 있는 소망에 관한 이유를 묻는 자에게는 대답할 것을 항상 준비하되 온유와 두려움으로 하고" (베드로전서 3:15)

아는 것 + 믿는 것

아는 것은 지식에 그치지만 믿는 것은 삶에 영향을 끼칩니다.

아는 사람과 믿는 사람의 공통점은 근심, 걱정, 염려, 문제와 같은 현실에 닥쳐오는 것들을 보며 두려워한다는 것에 있지만 차이점은 두려움이 점점 더 커지는 것과 두려움이 사라지는 것에 있습니다.

예수님을 아는 사람은 늘 살아가던 그 방식대로 살아가지만 예수를 그리스도로 믿는 사람은 그럴 수 없습니다. 믿을 때 성령님이 내 안에 거해주시기 때문에 삶이 변화될 수밖에 없습니다. 생각, 마음, 태도, 가치관이 변하게 됩니다.

하지만 믿음도 아는 것 없이는 변질되어질 수 있습니다. 감성으로 다가오는 하나님, 현실 가운데 역사하시는 하나님에 머물게 되면 코끼리 꼬리만 붙잡고 코끼리의 모습을 상상하는 부분으로 전체를 착각하는 소경과 같게 되기 때문입니다.

하나님이 어떤 분인지, 왜 세상을 창조하시고 우리를 만드신 것인지, 왜 우리를 사랑하시는지, 그 사랑이 얼마나 큰 사랑인지를 조목조목 적어 우리에게 보여주신 말씀을 알아야 건강한 믿음이 될 수 있습니다. 아는 것과 믿는 것이 따로 있어서도 안 됩니다. 알기만 할 때는 다른 사람을 정죄하는 바리새인이 될 수 있고 믿기만 할 때는 초현실적인 능력만을 사모하는 신비주의자가 될 수 있습니다.

예수님이 활동하신 공생애 3년 간 함께 했던 제자들은 수많은 기적을 보았고 들었지만 아는 것에 그쳤습니다. 결과는 예수님이 갈릴리 바다 가운데 나타나셨을 때 두려워했고 예수님이 잡혀갈 때 두려워 도망친 것입니다.

그러나 부활하신 예수님을 만난 후에 제자들은 그동안 예수님이 하셨던 말씀을 깨닫고 믿게 됨으로 생명, 복음이 필요한 곳, 위험한 곳, 예수님처럼 낮은 곳만을 찾아 목숨이 다할 때까지 생명을 전했습니다. 알고 믿게 될 때 사도 바울과 같이 상황과 환경에 관계없이 예수 그리스도에 관한 모든 것을 담대하게 거침없이 전할 수 있게 됩니다.

교회에 다니는 많은 사람들이 착각합니다. 예수를 그리스도로 믿고 있다고 착각합니다. 믿는다면 예수님을 따를 수밖에 없고 자신의 삶에서 변화가 일어날 수밖에 없으며 세상과 타협하지 않고 진실한 삶을 살게 되지만 실상은 그렇지 않습니다. 교회에 오래 다녀 많은 것을 알고는 있지만 믿지 못함으로 빛을 잃었고 소금의 그 맛을 잃었기 때문입니다.

아는 것과 믿는 것이 하나가 됨을 경험하는 오늘 되시기를 예수 그리스도의 이름으로 기도드립니다.

> "우리가 다 하나님의 아들을 믿는 것과 아는 일에 하나가 되어 온전한 사람을 이루어 그리스도의 장성한 분량이 충만한 데까지 이르리니"
> (에베소서 4:13)

믿음으로

"잘못하면 어떻게 하지? 이번만큼은 잘 되어야 할 텐데." "매번 떨어졌는데 이번에도 떨어지면 어떻게 하지?" "마지막 기회인데... 잘해야 할 텐데..."

잘해보려는 마음, 최선을 다하는 간절한 마음이겠지만 결국 이런 마음이 더 떨리게 할 뿐 아니라 두려워하는 마음까지 가져다줍니다. 조금은 설레고 조마조마한 마음이 점점 커져 두려움으로 변하게 됩니다. 잘 되면 다행이겠지만 잘 되지 못하게 될 때 그 두려움은 나를 완전히 뒤덮어버립니다. 결국 두려움은 낙심이 되고 절망과 뒤섞여 무슨 감정인지도 모른 체 자신과 세상을 비하하고 비난하며 방황하게 됩니다.

믿음의 사람은 달라야 합니다. 간절한 마음도 있어야 하겠지만 더 중요한 마음이 있습니다. 내가 원하는 것이 아닌 하나님이 원하는 것이 무엇인지를 아는 마음입니다. 내가 최선을 다하고 결과를 얻으며 울고 웃는 것을 넘어 맡기고 바라는 마음이 필요합니다. 은혜를 구하는 일입니다. 이것이 바로 '믿음'입니다.

심는 것은 내가 하게 되지만 그것을 자라게 하고 열매를 맺게 하는 일은 하나님의 영역입니다. 그것까지 맡기지 못하고 아등바등 거린다면 결국 두려움과 절망이 번갈아가며 찾아오게 될 것입니다.

모든 것이 내 뜻대로 이루어진다면 꿈속의 이야기일 것입니다. 열심히 일해도 수확이 없을 때도 있는 것입니다. 실망과 절망이 옷만 바꿔 입고 내 삶에 수시로 찾아옵니다. 이러한 거칠고 척박한 삶에서 하나님이 함께 하신다는 믿음, 신실하신 하나님이 주신 약속을 성취해주실 것이라는 소망으로 인해 살아갈 수 있는 것입니다.

믿음이라는 것은 참 신비롭습니다. 축구에서도 패스를 하고 나면 태클이 들어올 위험도 없고 선수들의 움직임도 보여 게임을 읽을 수 있는 넓은 시야가 생기는 것과 같은 현상이 일어납니다. 문제보다 크신 하나님을 발견하게 됨으로 문제, 어려움, 간절한 상황, 인생 여정의 모든 것에서 믿음으로 감사함으로 묵묵히 걸어낼 수 있게 됩니다. 내가 할 수 있는 영역에서는 최선을 다하고 넘어서는 부분에서는 간절히 기도하게 됩니다.

분별할 수 있게 되는 것입니다. 믿음은 맹목적이 되어서는 안 됩니다. 믿음은 현실을 더 명확하고 선명하게 볼 수 있게 합니다. 믿음의 필터로 두려움, 걱정, 염려와 같은 나 중심의 것들이 걸러집니다.

삶을 내어 맡길 수 있는 믿음으로 조마조마한 인생, 인정받지 못하고 억울함이 쌓여가는 인생, 아등바등 살아가는 삶의 모습이 당당하고 자존감 있는 모습으로 뒤바뀌게 될 것입니다. 하나님 자녀로서의 정체성이 무엇인지 알게 되는 것입니다. 믿음은 문제와 두려움을 넘어서는 것 뿐 아니라 현실을 있는 그대로 선명하게 보게 하고 하나님이 누구인지, 내가 누구인지를 깨닫게 하며 기도의 자리를 찾게 하는 것입니다. 믿음으로 내어 맡기며 살아가는 오늘 되시기를 예수 그리스도의 이름으로 기도드립니다.

"공중의 새를 보라 심지도 않고 거두지도 않고 창고에 모아들이지도 아니하되 너희 하늘 아버지께서 기르시나니 너희는 이것들보다 귀하지 아니하냐 너희 중에 누가 염려함으로 그 키를 한 자라도 더할 수 있겠느냐" (마태복음 6:26-27)

믿음 없이는…

자녀가 부모의 마음을 이해하기까지는 참 오랜 시간이 걸립니다. 아무리 오랜 시간이 걸려도 알 수 없는 것이 부모의 마음이기도 합니다. 그런 우리가 무한하신 하나님의 사랑을 안다는 것은 불가능합니다. 하지만 주시는 그 사랑으로 우리가 살아갈 수 있음을 부인해서도 안 됩니다. 알지 못한다고 없는 것은 아닙니다.

먹고 살아가는 것 자체의 치열함이 점점 더해져 버티고 견디며 살다보니 하나님을 향한 믿음은 온데간데없고 내 수고와 노력만으로 가득 채우려는 나를 발견합니다. 하나님 손을 꼭 붙잡고 놓으시면 안 된다며, 두려워서 혼자 걸을 수 없다고 간절히 기도하던 내가 이제는 하나님이 어디에 계신지도 느끼지 못합니다.

도움이 필요할 때마다 하나님의 이름을 부르기는 했지만 결국 하나님은 내 삶의 주관자가 아니라 나를 돕는 보좌관이 되어버린 지 오래입니다. 하나님을 경외하기보다 세상을 두려워하는 사람이 됩니다. 하나님을 기뻐하기보다 세상의 기쁨이 더 즐겁습니다. 하나님이 주시는 평안이 아닌 세상이 주는 편안이 더 와 닿습니다. 기도보다는 내 눈에 보이는 것으로 해결하려 동분서주합니다. 말씀의 약속은 잊혀지고 오늘 살아가는 것에 급급합니다.

믿음 없이는 하나님과 동행할 수 없습니다. 믿음 없이는 그 사랑을 느끼고 알고 누릴 수도 없습니다. 믿음 없이는 오늘을 살아갈 수 없습니다. 믿음 있는 척하며 살아가는 것만큼 비참한 일은 없습니다. 슬프고 아프면서 괜찮은 척하며 살아가는 것과 다르지 않습니다.

믿음 없이는 어디로 와서 왜 살며 어디로 가는지 알 수 없습니다. 알고 있더라도 인생의 파도 몇 번에 금세 잊혀 집니다. 믿음 없이는 견딜 수 없습니다. 견뎌봐야 악으로 깡으로 결국 '자기의'로 도배된 인생일 뿐입니다.

하나님은 어제나 오늘이나 영원토록, 세상 끝 날까지 우리와 함께 해주시는 분입니다. 우리의 앉고 일어섬을 아시고 우리의 생각과 마음의 중심을 아시는 분입니다. 지금 하고 있는 일을 잠시 내려놓고 하나님만을 바라는 시간을 가져야 합니다. 하나님의 임재하심을 구하고 따스한 성령의 임재를 경험할 수 있어야 합니다.

믿음 있는 척을 믿음이라 착각하며 살아간다면 우리 인생은 완전히 헛것이 될 수 있습니다. 전부가 되지 않으면 전부를 잃을 수 있습니다. 잠시 멈춰서 오직 믿음으로 우선순위를 다시 정립하는 오늘 되시기를 예수 그리스도의 이름으로 기도드립니다.

> "믿음이 없이는 하나님을 기쁘시게 하지 못하나니 하나님께 나아가는 자는 반드시 그가 계신 것과 또한 그가 자기를 찾는 자들에게 상 주시는 이심을 믿어야 할지니라" (히브리서 11:6)

믿음의 방패

힘들고 아픈 일들을 겨우 겨우 넘겨가며 마음을 다져 먹고 다시 한 번 올바르게, 건강하게 살아보려고 하는 그 순간 우리를 찾아오는 것은 그에 걸 맞는 용기가 아닙니다. 다시 아프고 힘든 자리로 되돌아가게 하는 일, 낙심이 찾아옵니다.

영화나 드라마에서 전쟁 씬(scene)을 보면 방패가 등장합니다. 방패는 공격하는 것이 아닌 방어하는 무기입니다. 방패를 들어 높은 지위에 있는 사람을 막아섭니다. 어디서 날아올지 모르는 화살을 막기 위한 것입니다.

우리 삶의 자리에서도 내가 좋은 마음을 먹든 그렇지 않든 관계없이 늘 우리도 모르게 화살이 날아듭니다. 온갖 상처와 트라우마를 건드리고 화를 부추기며 분노의 말을 쏟아놓게 합니다. 팔을 걷어붙이고 싸움의 자리에 서게 합니다.

성경에서 방패는 믿음을 의미합니다. 말도 안 되는 어떤 상황에서 그 순간 내게 날아오는 불화살을 막는 것이 '믿음'이라고 설명합니다. 믿음이 우리의 방패가 됨을 말하는 것입니다. 말도 안 되는 일이 내 눈앞에 펼쳐지더라도 믿는 사람은 당황하지 않습니다. 당황하더라도 금세 중심을 잡을 수 있습니다. 하나님이 나와 함께 하심을 알기 때문이고 이 일을 통해 하나님이 하실 일이 있다는 것을 믿기 때문입니다.

그렇기 때문에 우리 눈에 보이는 어렵고 힘겨운 일, 아직 일어나지 않은 일까지도 감사할 수 있습니다. 내일을 이끄시는 하나님의 행하심과 일하심을 신뢰하기 때문입니다. 실제로 하나님은 감당할 시험 밖에는 주지 않으십니다. 감당하지 못할 시험 당함을 허락하지 아니하시고 시험 당할 즈음에 또한 피할 길을 내어 능히 감당할 수 있게 하심을 약속하셨기 때문입니다(고전10:13).

믿음을 통해 주신 것에 감사하고 주실 것에 감사할 뿐 아니라 이해할 수 없는 그 상황조차 감사할 수 있게 하는 것입니다. 세상 사람들이 말하는 긍정과는 차원이 다른 감사함입니다. 믿음은 모든 것을 이기고도 남음으로 우리를 이끕니다. 믿음은 어떠한 공격과 환경에서도 하나님을 향한 시선을 놓치지 않게 합니다. 흔들리고 방황하며 우왕좌왕하지 않는 분명한 삶을 살아가게 하는 힘은 하나님을 향한 믿음에 있습니다.

믿음의 방패를 들고 감사함으로 승리하는 오늘 되시기를 예수 그리스도의 이름으로 기도드립니다.

> "그러므로 하나님의 전신 갑주를 취하라 이는 악한 날에 너희가 능히 대적하고 모든 일을 행한 후에 서기 위함이라. 모든 것 위에 믿음의 방패를 가지고 이로써 능히 악한 자의 모든 불화살을 소멸하고"
> (에베소서 6:13, 16)

극복이 아닌 믿음으로

대부분의 사람들이 생각하는 '극복'이라는 단어의 의미는 비슷합니다. 내가 할 수 없는 것을 해내고 내가 넘지 못할 것을 넘어 이겨낸다는 의미입니다. 그래서 극복이라는 의미는 결과 뿐 아니라 과정에서도 반드시 사용되어야 하는 단어입니다.

극복이라는 것은 두려움 가운데 움직이지 못하다가 한 발을 내딛는 것, 극한의 상황이고 내가 원하는 결과가 나오지 않더라도 말씀을 따라 믿음으로 순종해 걸음을 옮기며 살아가는 것 또한 극복입니다.

무언가의 상황을 넘어서고 환경을 바꿔놓는 것이 극복은 아니라는 것입니다. 믿음 안에서 극복의 의미를 다시 한 번 생각해보아야 합니다.

극복하기 위해서는 자기 합리화, 상황논리, 핑계를 모두 덜어 내야하기 때문에 순종과 결을 같이 합니다. 결국 극복과 순종은 기도로 인한 열매입니다. 내 자아가 아닌 하나님의 말씀, 내 감정이 아닌 하나님의 약속, 내가 보는 나 자신이 아닌 하나님이 나를 보는 그 시선으로 보고 살 수 있는 것 또한 극복인 것입니다. 기도의 자리에서만 가능한 일입니다. 하나님의 약속으로만 가능한 일입니다.

빛은 어둠이 있어야만 진가가 드러납니다. 용기는 두려움이 있는 곳에서 보여지고 두드러지게 됩니다. 평안은 불안이 있어야만 그 능력을 발휘할 수 있게 됩니다. 극복은 믿음이 있어야 가능한 것입니다. 용기를 갖고 나아갈 수 있는 것, 불확실함과 불안함 가운데 걸어낼 수 있는 것은 결국 주신 약속을 바라보며 믿고 걸어내는 것에 달려 있습니다.

미디안의 13만 5천명이나 되는 대군이 왔음에도 하나님은 3만 2천명도 많다며 다 돌려보내시고 300명만으로 전쟁을 치르게 하셨습니다. 그리고 하나님은 기드온과 오늘 우리에게 말씀하십니다. "죽지 않는다. 절대 지지 않는다. 어렵지 않다. 불가능하지 않다. 가능하다." 하나님이 우리를 붙들고 계시고 어둠 가운데 빛을, 두려움 가운데 용기를, 불안함 가운데 평안을 주시는 분이기 때문입니다. 죽을 것 같아도 하나님이 함께 하시는 이상 절대로 죽지 않습니다. 오히려 평안을 선포할 수 있게 됩니다.

말씀을 향한 순종과 믿음으로 샬롬의 하나님을 경험하는 오늘 되시기를 예수 그리스도의 이름으로 기도드립니다.

"여호와께서 그에게 이르시되 너는 안심하라 두려워하지 말라 죽지 아니하리라 하시니라 기드온이 여호와를 위하여 거기서 제단을 쌓고 그것을 여호와 샬롬이라 하였더라 그것이 오늘까지 아비에셀 사람에게 속한 오브라에 있더라" (사사기 6:23-24)

믿음의 상태

자신에게 좋은 말을 해주는 사람은 내편이고 나를 힘들게 하는 말을 하는 사람은 적군으로 여기는 사람들이 많습니다. 아무리 좋은 말, 이로운 말을 해줘도 내 마음에 맞지 않고 기분을 상하게 하면 나쁜 말로 생각하는 것입니다.

하나님의 말씀도 마찬가지입니다. 내가 원하던 말을 설교 시간에 듣게 되면 은혜 받았다고 말하고 내가 원하지 않는 말, 마음 속 깊이 숨겨놓았던 말을 꺼내놓으면 언짢습니다. 모든 것이 내 감정과 내 상태, 내 상황이 기준점이 되는 것입니다. 내가 기분 좋으면 다들 기분이 좋아야 하고 내가 우울하면 모두가 조용히 해줘야 하는 아직 미숙한 성장 중에 있는 사춘기의 아이와도 같은 모습입니다.

그렇다고 성장만 해서는 안 됩니다. 성숙 되어져야 합니다. 거칠고 어렵고 불편한 인생길을 회피하지 말고 겪어내야 합니다. 문제를 극복해낼 수 있는 것은 상황 판단 능력이 아니라 하나님의 은혜를 바라보는 믿음에 있습니다. 회피하고 싶은 여러 상황 가운데서도 맞닥뜨릴 수 있는 것은 믿음에 있습니다.

순간적으로 불쑥 튀어나오는 나의 말, 행동을 보며 내 믿음을 점검해봐야 합니다. 마음에는 담고 있으나 소화되지 못하는 여러 문제가 돌출될 때마다 믿음을 점검해야 합니다.

하나님이 누군가가 말하는 하나님이 아닌 내 삶에서 경험한 나의 하나님의 되시는가?

십자가에서 죽으신 그리스도 예수의 사랑이 나를 위한 것, 내 죄 때문이라는 것을 아는가?

성령 하나님이 나와 늘 동행하시고 붙들고 인도해주시는 것을 믿는가?

믿음은 감정도 느낌도 아닙니다. 믿음은 우리에게 주신 약속, 나에게 주시는 사랑, 놀라우신 계획, 인도하심을 믿는 것입니다. 알고 믿는 것이 아니라 믿음으로 알게 되는 것입니다. 거울을 보며 내 모습을 점검하듯 말씀으로 삶을 점검해보는 오늘 되시기를 예수 그리스도의 이름으로 기도드립니다.

"너희가 믿음에 있는가 너희 자신을 시험하고 너희 자신을 확증하라 예수 그리스도께서 너희 안에 계신 줄을 너희가 스스로 알지 못하느냐 그렇지 않으면 너희가 버리운 자니라"(고린도후서13:5)

내 믿음의 바닥

문제, 근심, 걱정, 염려가 없는 사람은 없습니다. 고난, 어려움이 없는 사람도 없습니다. 그렇다고 피할 수 있는 것도 아닙니다. 회피해도 결국 맞닥뜨릴 수밖에 없습니다. 그 순간 4가지를 꼭 기억해야 합니다.

첫째, 하나님이 아닌 문제와 어려움만을 묵상하는 것이 더 큰 문제입니다. 문제를 해결해주실 성령님을 바라보는 것이 아니라 문제만을 바라보다 상황에 묻혀버리는 일이 발생합니다. 하나님을 바라며 말씀을 묵상하고 소망을 품어야 하는데 문제만을 묵상해 하나의 문제가 또 다른 염려를 불러오고 낙심은 커져만 갑니다.

둘째, 문제와 어려움이 유독 나에게만 있다고 생각합니다. 이 땅에서의 척박한 인생길이 원래 그런 것입니다. 나에게만 있는 고난이 아닙니다. 괜찮아 보이고 멋져 보여도 모두가 나와 같은 어려움을 겪습니다. 자기비하는 현실감각을 키워주고 노력하는 동기를 부여해주는 것이 아니라 하나님 앞에서, 세상 안에서 스스로의 정체성을 무너뜨리는 일을 한다는 것입니다.

셋째, 문제와 어려움이 나를 찾아올 때마다 하나님을 원망합니다. 남 탓하고 환경과 상황을 탓합니다. 이런 식으로 문제와 어려움을 회피하고 합리화시켜 봐도 결국 해결되는 것은 하나도 없습니다. 다른 사람은 몰라도 나 스스로는 알 수 있습니다.

넷째, 고난을 하나님이 주시기도 하지만 내 멋대로 선택한 결과인 경우가 훨씬 더 많습니다. 하나님이 우리를 다뤄 가시기 위한 고난이 아닌 내가 만들어낸 고생이 대부분을 차지합니다. 자기마음대로, 제멋대로, 자기중심적으로 선택한 결과일 경우가 대부분입니다. 결국 나 스스로를 살피지 못함이 원인입니다.

네 가지의 공통점이 있습니다. 중심이 하나님이 아닌 나에게 있다는 것입니다. 말씀을 따라, 예수님이 가신 길을 따라 살아가는 것이 아니라 내 소견대로, 내 멋대로 살았다는 것입니다. 순종이 아닌 판단으로 살아가는 인생입니다. 하나님의 자녀이지만 문제와 어려움 앞에서 세상 사람들보다 더 무기력한 인생으로 살아가는 모습입니다. 세상이 감당 못할 자녀가 아닌 세상을 감당하지 못하는 모습으로 전락한 자녀의 모습입니다.

문제로 고민하기 전, 하나님께 내어놓고 겸손하게 스스로를 살펴보고 돌이켜야 합니다. 내 상태의 바닥을 찾아보고 그 바닥 가운데 깔려 있는 불안, 두려움, 욕심, 아집, 체면, 인정욕구, 거절감, 거짓을 들고 하나님께 나아와야 합니다. 결국 믿음이 있어야 곳에 믿음이 아닌 다른 것들이 채워져 있음으로 벌어지는 어려움입니다. 그 어려움을 해결해보려고 하지만 더 키워내는 것이 믿음 없음의 결과입니다.

믿음으로 고백하고 도움을 구하는 기도로 시작하는 오늘 되시기를 예수 그리스도의 이름으로 기도드립니다.

> "그들은 믿음으로 나라들을 이기기도 하며 의를 행하기도 하며 약속을 받기도 하며 사자들의 입을 막기도 하며 불의 세력을 멸하기도 하며 칼날을 피하기도 하며 연약한 가운데서 강하게 되기도 하며 전쟁에 용감하게 되어 이방 사람들의 진을 물리치기도 하며" (히브리서 11:33-34)

기적은 있습니다

아인슈타인은 인생을 이렇게 정의했습니다. "인생은 2가지로 나눌 수 있다. 첫째는 기적이 없다고 믿는 삶과 모든 것이 기적이라는 삶이다."

기적이라는 것은 내 상식으로 볼 때 일어날 수 없는 일이 일어난 것을 말합니다. 그 상식이라는 것이 참 재미있습니다. 감기는 쉽게 나을 수 있다고 생각하고 암환자는 쉽지 않다고 생각하지만 그 반대가 될 수도 있습니다. 치료될 수 없는 것 같았던 질병에서 벗어나는 것도 기적입니다. 망할 수밖에 없는 상황에서, 죽을 수밖에 없는 상황에서 살아나게 되는 것도 기적입니다.

자세히 살펴보면 내가 살아가는 모든 것이 기적입니다. 가족이라는 것만 봐도 그렇습니다. 새로운 생명이 태어나는 것만 봐도 이해가 됩니다. 그저 기적이라고 밖에는 표현할 수 없습니다. 내 눈에 보이지 않을 뿐 기적은 매일 일어나고 있습니다.

복지재단에서 사역할 때 도와야할 대상자를 만나며 느낀 것은 건강하게 태어난 것 자체가 기적이라는 것입니다. 수많은 사람들이 먹고 살아가고 있는 것 자체가 기적입니다. 매일 힘들고 어렵다고 하면서도 우리는 살아내고 있습니다. 기적이 없는 것이 아니라 삶의 모든 것이 기적인 것입니다.

어떤 분인지는 기억나지 않지만 우리 존재에 대한 정의를 이렇게 했습니다. "하나님이 이 땅을 창조하셨다는 것을 믿지 않는다면 결국 나라는 존재는 빅뱅과 같은 일로 인해 우연히 만들어진 존재에 지나지 않는다." 우연히 만들어진 존재는 목적을 가질 수 없습니다.

슈퍼 박테리아를 해결할 수 있는 항생제, 탈모치료제, 발기부전치료제와 같은 획기적인 약들은 애초에 약을 개발할 때 다른 목적으로 만들다가 우연히 만들어진 것이라고 합니다. 하지만 원래의 목적이 있었기에 또 다른 목적이 생긴 것이지 아무런 이유 없이 처음부터 우연히 만들어질 수는 없는 것입니다. 원래의 목적이 있었기에 또 다른 약품이 개발된 것입니다.

하나님을 하나님으로 인정하는 것은 우리가 선택할 수 있는 것처럼 보입니다. 보는 것이 전부라고 믿고 살아가기 때문입니다. 그러나 보지 못하는 곳에서도 우리를 사랑하시고 기적을 일상처럼 행하고 계신 하나님이 있기에 오늘을 살고 있다는 것을 잊고 살아갑니다.

나는 잘 모르고 느끼지 못하고 살아갈 수 있지만 기적이 일상 되는 삶을 살아가고 있는 것입니다. 모든 것이 기적인 삶을 누리고 있습니다. 하나님의 섭리입니다. 기적이 없다고 믿는 삶을 사시겠습니까? 아니면 모든 것이 기적이라고 믿는 삶을 살아가시겠습니까? 육신의 눈이 아닌 믿음의 눈을 열어 하나님의 일하심과 하나님의 간섭하심, 날마다 기적과 같은 삶을 살아가는 것을 깨닫는 오늘 되시기를 예수 그리스도의 이름으로 기도드립니다.

> "우리가 하나님과 함께 일하는 자로서 너희를 권하노니 하나님의 은혜를 헛되이 받지 말라" (고린도후서 6:1)

사실과 경험의 간격: 믿음

사실이라고 하더라도 스스로가 겪어보지 않은 일에 대해서 이해하기란 참 어렵습니다. 다양한 책을 읽고 지식을 쌓는 일은 가능하지만 그 지식이 내 삶에 적용되기 위해서는 여러 번의 시행착오, 경험이 필요합니다.

먼저 살아본 인생의 선배인 부모가 자녀에게 아무리 뼈가 되고 성장할수 있는 필요하고 소중한 말을 건네도 이해하지 못하는 이유이기도 합니다. 아무리 많은 지식이 쌓여도 경험이라는 것을 넘어설 수 없습니다. 사실을 학습할 수 있는 시간과 과정은 반드시 필요한 것입니다.

신앙도 마찬가지입니다. 아무리 성경을 많이 읽고 예배에 참여한다고 하더라도 하나님과의 교제가 없다면 모든 것은 내 필요에 의한 종교적 행위에 그치게 됩니다. 하나님의 자리에 온갖 잡신을 갖다 놓아도 다를 바 없는 우스꽝스러운 종교생활을 믿음으로 착각하는 것입니다.

만남의 경험이 없기 때문입니다. 약속으로 주시고 능력이 되는 말씀이 삶에 풀어놓아지는 것을 경험하지 못했기 때문입니다. 하나님과 함께 하는 시간과 과정이 없었기 때문입니다. 아무리 설명해도 능력되고 은혜가 됨을 다풀어놓을 수 없을 뿐 아니라 듣는 사람 또한 귀로, 피상적으로 들을 수밖에 없게 됩니다. 사실을 뛰어넘는 진리가 내 삶에 와 닿기 위해서는 경험되어 져야 하는 것입니다.

예수님의 제자들도 부활하신 예수님을 보기 전에는 그토록 말씀하셨던 부활에 대해 생각조차 하지 않았습니다. 하지만 부활하신 예수님을 만난 후 믿음이 생기게 된 것과 같습니다. 부활하신 예수님을 만난 그 경험이 사실과의 간격을 메워버린 것입니다. 그 간격이 메워진 곳에서 믿음이 생겨난 것입니다.

내 관심이 있는 곳에 내 시선은 멈춰지기에 진리인 하나님의 말씀에 주목해야 합니다. 그 말씀이 내 삶에 풀어놓아져도 인식하지 못할 수 있기 때문입니다. 믿음의 그 순간을 놓칠 수 있기 때문입니다. 범사에, 늘 하나님을 인정하고 그 행하심을 바라보게 될 때 진리와 경험의 간격이 믿음으로 메워짐을 삶으로 목도하게 될 것입니다.

삶은 내 생각대로 엮여지지 않습니다. 그렇게 이루어지는 것이 아닙니다. 지금 옳은 길을 걷는다고 여겨도 훗날 어떻게 바뀔지 모르는 것입니다. 하나님을 범사에 인정하고 신뢰함으로 진리와 경험의 간격의 그림이 마음속에 선명히 드러나는 오늘 되시기를 예수 그리스도의 이름으로 기도드립니다.

"너는 마음을 다하여 여호와를 신뢰하고 네 명철을 의지하지 말라 너는 범사에 그를 인정하라 그리하면 네 길을 지도하시리라 스스로 지혜롭게 여기지 말지어다 여호와를 경외하며 악을 떠날지어다" (잠언 3:5-7)

구경꾼의 영성 vs 체험의 영성

이집트에서 노예로 살던 이스라엘 백성들은 목격했습니다. 세계 최고의 지도자 바로 앞에 하나님은 모세를 세우셔서 10가지 재앙을 통해 자신들을 해방시키는 것을 모두 보았음에도 양옆에 산이 막고 앞의 길은 바다로 막혀 있었으며 뒤에서는 바로의 군대가 자신들을 쫓는 막다른 길에 서자 하나님을 원망하고 불평합니다.

제 안에 이런 의문이 생겼습니다. 10가지 재앙을 모두 목격했던 이스라엘 백성들은 어떻게 하나님을 원망하고 불평할 수 있었을까? 그 이유를 찾아보고 또 찾다가 알게 되었습니다. 막혔던 길을 건너고 나서의 기쁨, 막다른 길에서 바다에 마른 길을 내어주심을 직접 경험하고 나서의 감사가 마음에 벅차올라 하나님을 찬양하고 경배하는 그 장면에서 (출15장) 답을 찾았습니다.

10가지 재앙이 있을 때 하나님의 위대하심을 바라보았지만 자신들이 직접 경험한 것이 아니었기에 그들은 그저 목격자, 구경꾼에 머물렀던 것입니다. '구경꾼의 영성'입니다. 막다른 길에서 길을 내어주시는 하나님, 절체절명의 순간에 바다를 가르시고 그 마른 바닷길을 걸어갔으며 바로의 군대를 물에 잠기게 하신 하나님을 경험하는 순간 믿음이 생기게 된 것입니다. '체험의 영성'입니다.

하나님은 이스라엘 백성을 노예에서 하나님의 자녀로 부르시며 예배할 것을 말씀하셨습니다. 죄의 종에서, 이집트의 노예에서 벗어나 하나님을 예배하는 참된 백성이 되기를 원하셨습니다. 구경꾼이었을 때는 불가능했던 것이 직접 경험한 후에는 자발적으로 예배와 찬양을 드리는 영성으로 변화된 것입니다. 시키지 않아도 스스로가 예배를 드립니다.

하나님을 아는 것과 믿는 것은 너무나도 크게 다릅니다. 구경꾼과 직접 체험하는 것은 완전히 다릅니다. 사고의 목격자가 아무리 상세하게 설명을 해봐도 당사자의 설명보다 자세할 수는 없습니다. 보이지 않고 들리지 않고 만져지지 않는 상황 가운데 믿음을 선택하게 될 때, 막다른 길에서 하나님만을 바랄 때 아는 것에서 믿는 것으로 변화하게 됩니다.

누가 권하지 않아도 예배의 자리를 찾아 나오게 되어 있습니다. 힘들고 어려울 때만이 아니라 기쁨과 행복이 넘칠 때에도 예배의 자리를 찾아 찬양하고 감사하게 됩니다. 자발적인 순종과 영과 진리로 드리는 예배가 회복되는 것입니다.

하나님을 알고 있습니까? 하나님을 믿고 있습니까?

하나님을 아는 것과 믿는 것에 하나가 되어 온전한 그리스도인이 되지 못한다면 세상에 속고 자신에게 속고 상황과 환경에 따라 매일처럼 흔들리는 삶이 될 것입니다. 구경꾼이 아닌 직접 체험함으로 하나님의 살아계심을 경험하고 찬양이 넘쳐나는 오늘 되시기를 예수 그리스도의 이름으로 기도드립니다.

"내가 말하겠사오니 주는 들으시고 내가 주께 묻겠사오니 주여 내게 알게 하옵소서 내가 주께 대하여 귀로 듣기만 하였사오나 이제는 눈으로 주를 뵈옵나이다 그러므로 내가 스스로 거두어들이고 티끌과 재 가운데에서 회개하나이다" (욥기 42:4-6)

맡김과 선택

교회 차량 점검과 수리를 위해 센터에 맡기고 400m 정도 떨어진 까페에서 방송 대본을 쓰는 도중 창밖을 보니 장대비가 내립니다. 마침 수리가 다 되었다는 연락을 받았지만 우산도 없고 비는 하늘이 열린 것처럼 쏟아지는 상황에서 잠시 지켜보고 어떻게 해야 할지를 결정하려 했습니다. 나도 모르게 기도합니다. "주님, 어쩌죠?"

잠시 그쳤을 때 이 때다 싶어서 까페를 나와 빠른 걸음으로 걷기 시작했습니다. 비가 언제 다시 쏟아질지 모르는 상황이었습니다. 그때 나도 모르게 기도하고 있는 저를 발견했습니다. "주님 저 걷고 있어요. 잠시만요!" 자동차 수리센터에 도착하고 얼마 지나지 않아서 장대비가 다시 쏟아지기 시작했습니다.

하나님이 제가 한 기도를 들으셨고 걷는 동안 비가 멈춰주셨다는 것을 말하려고 하는 것이 아닙니다. 기도의 응답은 오직 하나님의 뜻 안에 있을 뿐입니다. 다시금 정의된 믿음에 대해서 말씀드리고 싶습니다.

믿음은 기도를 통해 비가 그치고 말고가 아니라 내가 할 수 없는 상태, 내가 할 수 있는 것이 없을 때 포기하거나 운에 맡기는 게 아니라 하나님께 맡기는 것임을 다시 한 번 깨닫게 되었습니다.

하나님이 응답을 해주시든 그렇지 않든 관계없이, 어떠한 상황과 상태 가운데서도 오직 하나님의 것을 선택하는 것이 믿음입니다. 맡기는 것이 믿음입니다. 내 눈에 보이고 마음에 느껴지는 것과도 관계없는 것입니다. 우리가 할 수 있는 일인지 아닌지, 될 수 있는지 어려울 것인지를 보고 판단하는 것이 아닌 그저 예수님이 가신 그 길을 따라 믿음으로 걷는 일입니다.

내 생각이 아닌 하나님의 생각, 말씀을 선택하고 맡기며 살아가는 오늘 되시기를 예수 그리스도의 이름으로 기도드립니다.

"믿음으로 모든 세계가 하나님의 말씀으로 지어진 줄을 우리가 아나니 보이는 것은 나타난 것으로 말미암아 된 것이 아니니라" (히브리서 11:3)

성경 말씀은 하나님의 마음입니다

'용기'는 두려움 가운데 설 수 있는 믿음입니다. '믿음'은 믿을 수 없는 상황을 맞닥뜨려야만 믿음이 되어 집니다. 희망이 없어야만 '소망'이 생길 수 있습니다. 내가 할 수 있는 모든 경우의 수가 없어질 때 비로소 가난한 마음으로 하나님을 향할 수 있기 때문입니다.

'유혹'은 내가 쉽게 인식하고 이겨낼 수 있는 것이 아닙니다. 유혹은 인식하기 어렵고 평소 내가 품던 욕심과 맞아 떨어지기에 넘어갈 수 밖에 없습니다. 하지만 하나님이 전부될 때 유혹은 분별됩니다.

'정직'은 윤리, 도덕적인 수준이 아니라 벌거벗은 모습처럼, 마음 속 은밀한 곳에 이르기까지 숨기는 것과 더하는 것 없이 하나님 앞에 다 내어놓는 것을 말합니다. 정직 없는 예배는 예배될 수 없고 기도가 될 수도 없습니다.

'사랑'은 애틋하고 좋아하지 않고서는 견딜 수 없는, 늘 받고만 싶은 감정이 아닙니다. 사랑은 내 상처와 아픔의 골이 다 메워지고 이웃의 아픔까지 보이는 것입니다. 십자가에서 나를 위해 흘려주신 그 사랑을 알고 경험해야만 유효기간이 없는 사랑을 경험할 수 있습니다. 내 안에서만 머무는 것이 아닌 흘려보내는 마침표 없는 사랑을 할 수 있습니다.

'인내'와 '절제'는 성품에 머무르는 것이 아닙니다. 소망을 향한 믿음이 있어야만 품을 수 있습니다. 기다린다는 것은 변치 않으시는 하나님을 향한 믿음 없이는 불가능한 것입니다. '은혜'를 입은 사람이 늘 말하는 것은 내가 반드시 그 은혜를 갚겠다는 것입니다. 하지만 은혜라는 단어의 뜻 자체에 갚을 수 없다는 것이 전제되어 있습니다. 은혜를 잊지 않겠다는 말이 맞습니다. 십자가의 은혜를 어찌 갚을 수 있을까요?

우리가 평소에 사용하고 성경에서 읽게 되는 단어 몇 가지를 소개했습니다. 대부분 단어의 사전적 정의, 그리고 내가 살아온 경험이 보태진 정의에만 국한되어 말씀을 읽어도 하나님의 마음, 그 뜻을 잘 알지 못합니다. 주신 것과는 다른 왜곡된 믿음을 품을 수 있는 것입니다.

단어의 사용은 말하는 사람의 감정과 생각이 응축되어 있습니다. 같은 단어를 말해도 서로 간 이해하는 폭이 다릅니다. 뉘앙스라는 것이 있고 삶의 경험이 다르기 때문입니다. 성경에 기록된 하나님의 말씀은 곧 하나님의 마음입니다. 단어 하나하나에 하나님의 뉘앙스가 들어 있습니다. 믿음의 선배들과 우리와의 삶의 경험이 묻어 있습니다.

그래서 성경을 읽을 때 그 단어가 그 상황에 무엇을 말하고 있는지 하나님의 시선에서 하나님의 마음을 반드시 살펴야 합니다. 내가 중심이 돼서는 이해될 수 없습니다. 내 마음대로 해석될 수 없고 원하는 대로 보고 그렇게 살아간다고 해도 인정받을 수 없게 됩니다. 말씀도, 내 행위도, 내 삶의 조각조각도, 가벼운 선택이라 해도 하나님의 마음을 알지 못하고서는 내 행위조차 인식하지 못하는 것이 우리의 모습입니다.

말씀 한 구절을 들고 나는 주님이 원하는 뜻대로 살았다고 외쳐본들 의미 없는 변명밖에 될 수 없습니다. 하나님의 마음으로 하나님의 말씀을 읽고 살아내는 오늘 되시기를 예수 그리스도의 이름으로 기도드립니다.

> "내가 행하는 것을 내가 알지 못하노니 곧 내가 원하는 것은 행하지 아니하고 도리어 미워하는 것을 행함이라" (로마서 7:15)

군중심리

많은 사람들이 어딘가로 몰려가게 되면 왠지 모르게 불안해 나도 모르게 따라가게 됩니다. 어디로 가는지도 잘 몰라도 굳이 따라갑니다. 좁은 길이 아닌 큰 길을 걸을 때, 많은 사람이 가고 향하는 곳을 함께 향할 때 나도 모르게 마음이 편안해짐을 느끼게 됩니다. '군중심리'입니다.

내 생각은 다른 사람과 다르지만 많은 사람들이 말하는 생각을 따라 갑니다. 괜히, 굳이 부딪쳐서 분란을 일으키고 싶지 않다는 마음 때문입니다. '회색적 사고'입니다. 나는 아니라고 생각하지만 많은 사람들이 'Yes'라고 말할 때 굳이 'No'하지 않습니다. 내 생각이 확실하지 않거나 정말 맞다고 여기지 않는 것과 다름없습니다. 아니면 스스로를 속이는 것입니다.

두 가지의 공통적인 것은 첫째, 시선이 밖으로만 향해 있다는 것입니다. 둘째, 스스로에 대한 확신이 없다는 것입니다. 이렇게 살아가는 사람은 교회를 다녀도 구원의 확신이 없습니다. 하나님 안에 있는 내 존재를 인식하지 못하기 때문입니다. 정체성이 불분명하기 때문입니다. 바람에 따라 떠도는 구름처럼 많은 사람들이 가는 곳을 향하고 많은 사람들이 생각하는 대로 흘러갑니다.

정체성은 분명해야 합니다. 내 생각과 믿음도 그래야 합니다. 의심이 있다면 묻어두지 말고 믿음이 의심의 자리를 차지할 수 있도록 힘써야 합니다. 덮어놓고 믿다가는 열매 없는 믿음이 되어버립니다.

'Yes or No'를 분명히 해야 합니다. 내가 품고 있는 향기가 무엇인지, 내 안에 품고 있는 색깔이 어떤 것인지 분명히 해야 합니다. 이것도 아니고 저것도 아닌 것이 바로 양다리 신앙이고 하나님을 하나님으로 여기지 않는 두 마음을 품은 자의 모습입니다.

두 가지를 겸하여 섬길 수 없습니다. 분명히 하나가 도태되고 부족하게 되며 흐려지기 마련입니다. 하나님을 믿는다면 분명히 해야 합니다. 세상이 말하는 진보, 보수의 프레임이 아닌 성경에서 말하는 오직 복음으로, 그리스도로, 믿음으로 연합되어 자신의 정체성을 분명히 해야만 합니다.

그리스도 안에서 세워진 정체성이 분명하다면 삶의 어떤 영역이라도 확신 있게 살아갈 수 있습니다. 상황과 환경에 관계없이 확신 있게 살 수 있습니다. 성령님과 동행함으로, 말씀으로 살아냄으로 확신 있는 오늘 되시기를 예수 그리스도의 이름으로 기도드립니다.

"내가 네 행위를 아노니 네가 차지도 아니하고 뜨겁지도 아니하도다 네가 차든지 뜨겁든지 하기를 원하노라 네가 이같이 미지근하여 뜨겁지도 아니하고 차지도 아니하니 내 입에서 너를 토하여 버리리라" (요한계시록 3:15-16)

불신의 열매

어떤 일이 생기거나 어떤 일을 시작할 때 누구나 가장 먼저 하는 일이 있습니다. 미리 걱정하고 염려하는 일입니다. 그래서 늘 머뭇거리게 만들고 확신 없게 하며 불안함 가운데 살아갑니다. 생각은 넘쳐 두통과 복통 등의 증상을 스스로 만들어 안고 살아가게 됩니다.

걱정하며 산다는 것은 너무나 일상적이고 누구나 그렇게 살아가지만 모두가 그렇게 살아가는 것은 아닙니다. 걱정과 염려가 어떻게 왜 생기게 됐는지 그 뿌리를 알게 된다면 더 이상 그렇게 살지 않을 것입니다.

이스라엘 백성이 광야에 나와 불평하고 원망했을 때 하나님은 만나와 메추라기를 내려주셨습니다. 그리고 일용할 양식을 주실 것이니 그날 먹을 것은 그 날 거두라고 하셨습니다. 그럼에도 그 날 먹을 것 외에 더 많이 가져가 챙겨놓았던 사람들이 있었습니다. 왜 그랬을까요? 그 다음 날 주실 것을 믿지 못했기 때문입니다. 내일 어떻게 살아가야 할지 걱정하고 염려했기 때문입니다.

걱정과 염려는 우리의 먹고 살아가는 것을 책임져주실 하나님을 믿지 못하는 불신에서 나옵니다. 불신은 결국 불순종을 가져오게 되어 가장 중요한 하나님과의 관계를 놓치게 만듭니다.

아담과 하와도 마찬가지였습니다. 동산 모든 것을 허락하시고 선악과만 먹지 말라고 하셨습니다. 사탄은 이들을 꾀어 하나님이 주신 말씀을 왜곡시켜 이해하게 하고 하나님과 같이 되기를 원하는 교만이 생겨나게 했습니다. 하나님을 향한 불신이 불순종을 낳은 것입니다.

걱정과 근심, 염려는 내 삶에, 내 생각과 마음에 하나님의 자리가 없어질 때 생기게 되는 것입니다.

이성적이고 합리적인 생각은 나쁜 것이 아닙니다. 리스크를 찾아 대비하는 것은 당연한 것입니다. 문제는 이러한 인본적인 생각이 점점 커져 믿음의 영역까지 잠식함으로 하나님을 불신하게 만든다는데 있습니다.

5만 번 이상 기도의 응답을 받은 죠지 뮬러는 이렇게 말했습니다. "믿음이 시작되는 곳에는 염려가 사라지고 염려가 시작되는 곳에는 믿음이 끝난다." 걱정과 근심, 염려는 누구나 하는 것이 아니라 내가 스스로 선택하는 것입니다. 하나님의 생각과 내 생각, 하나님의 약속과 내가 처한 환경 속에서 무엇을 선택하느냐의 결단은 내 믿음의 수준이 됩니다.

근심, 걱정, 염려에서 벗어나는 길은 오직 모든 것을 초월하시는 하나님을 인정하고 의뢰하며 의탁하는 길입니다. 주님만을 따르고 의지하는 오늘 되시기를 예수 그리스도의 이름으로 기도드립니다.

"또 너희 중에 누가 염려함으로 그 키를 한 자라도 더할 수 있느냐 그런즉 가장 작은 일도 하지 못하면서 어찌 다른 일들을 염려하느냐, 너희는 무엇을 먹을까 무엇을 마실까 하여 구하지 말며 근심하지도 말라 이 모든 것은 세상 백성들이 구하는 것이라 너희 아버지께서는 이런 것이 너희에게 있어야 할 것을 아시느니라"
(누가복음 12:25-26, 29-30)

억울함의 이유

목이 너무 아파서 집 앞 이비인후과에 갔습니다. 목이 아파서 새벽에 깼다니까 야식을 먹느냐고 물어봅니다. 야식은 먹지 않는다고 말하니 의아하게 쳐다봐서 약간의 억울한 마음이 생겼습니다.

며칠 동안 잠을 잘 못자서 그런 거 같다고 말하니 불면증이 있냐고 합니다. 아이들 덕분에(?) 새벽에 몇 번을 깨고 몸이 쑤셔서 몇 번을 일어나다보니 피로가 풀리지 않은 탓입니다. 예수 믿는 사람이 왜 불면증이 있냐고 말하려다 말았습니다. 억울한 마음이 조금 더 생겼습니다.

약국에 갔더니 처방해주면서 또 이야기합니다. "야식을 절대 먹지 마시구요..." 약사는 의사보다 한 발 더 나아갑니다. "술, 담배는 절대 하시면 안 됩니다. 찬바람 쐬는 것도 피하시구요." 물론 의사와 약사 모두 자신이 해야 할 말을 했음에도 저에게는 왠지 억울함이 연속되는 기분이었습니다. 그렇다고 아니라고 굳이 얘기할 수 있는 상황도 아니었습니다.

우리가 하나님 앞에서 설 때마다 느끼게 되는 것이 이런 마음이 아닐까 생각합니다. 주일에 피곤한 몸을 이끌고 교회에 겨우 와서 앉아 있는데 목사님의 설교말씀이 억울함을 가져다주는 것 같이 느껴집니다.

세상과 타협하지 않으려고 온갖 애를 다 썼는데 타협하고 있지 않은지 점검하라고 합니다. 나름 하나님의 말씀대로 살아보려고 힘썼는데 하나님을 믿는 것은 내 안위를 위해 보험에 가입하는 것과 같아서는 안 된다고 말합니다. 그 삶의 과정이 얼마나 힘겨웠는데 위로는커녕 억울함만 쌓이게 됩니다. 그렇다고 굳이 그렇지 않았다고 말할 수 있는 상황도 아닙니다.

믿음은 50%, 80%가 존재하지 않습니다. 오로지 0% 아니면 100%입니다. 믿음은 가상이 아니라 실제이며 반드시 선택의 기로에서 결단해야하기 때문입니다. 영적인 것은 회색지대가 없습니다. 중간지대가 없습니다. 하나님의 사람 아니면 세상의 사람입니다. 하나님을 사랑하거나세상을 사랑하거나 둘 중 하나입니다. 빛과 어둠 중 하나입니다.

그래서 하나님의 말씀이 때로는 세상 살기에 너무 강한 것 같아서 반정도만 지켜도 될 것 같고 예수님이 사셨던 그때의 세상과 많이 달라졌다며 타협하는 모습이 나도 모르게 스미게 됩니다. 그 스며들은 것이 우리를 변질시키는 것을 아시기에 하나님은 더 강력하게 말씀하고 있는 것입니다.

우리를 위해서입니다. 적은 누룩이 모든 상태를 완전히 변하게 만들기에 죄가 우리 가운데 들어와 우리의 삶이 변질되지 않도록 힘써주시는 것입니다. 억울함이 없도록 타협하지 않는 인생, 세상 사람들의시선이 아닌 하나님의 시선을 중요하게 여기며 살아가는 오늘 되시기를 예수 그리스도의 이름으로 기도드립니다.

> "여호와의 말씀이 내게 임하여 이르시되 인자야 이 사람들이 자기
> 우상을 마음에 들이며 죄악의 걸림돌을 자기 앞에 두었으니 그들이
> 내게 묻기를 내가 조금인들 용납하랴" (에스겔 14:2-3)

믿음의 열매: 임마누엘!

하나님의 말씀은 내가 아닌 하나님이 행하시기에 늘 실현가능합니다. 하나님은 말씀으로 약속을 주셨고 그 약속은 반드시 성취하시기 때문입니다.

예수님이 이 땅에 오신 이유도 그렇습니다. 하나님은 임마누엘의 약속을 지키시기 위해서 하나 뿐인 아들을 이 땅에 보내셨습니다. 그리고 구약을 통해 주신 약속을 성취하셨습니다. 처녀가 잉태할 것이라는 말씀도, 우리와 함께 하시겠다고 주신 임마누엘의 말씀도 예수님이 이 땅에 오심으로 성취되었습니다.

성경을 통해 하나님은 성취하실 것, 성취된 것, 성취될 것을 기록해주신 것입니다. 하나님의 말씀은 반드시 성취됩니다. 하나님의 약속은 지켜지기 위해 존재합니다. 하지만 환경과 내 생각이 아닌 하나님의 말씀을 믿고 따르는 자들에게만 살아있는 약속이 됩니다.

요셉은 마리아가 아직 시집을 오지도 않았는데 임신한 것으로 고뇌하지만 성령으로 잉태한 것이라는 하나님의 말씀을 듣고 그대로 순종합니다. 이유를 묻지도 않습니다. 결과를 생각지 않고 그 말씀만을 바라본 것입니다. 하나님은 늘 순종하는 사람을 통해 일하십니다. 그 사람을 통해 하나님이 주신 약속을 성취하십니다. 순종하는 사람을 통해 그리스도가 이 땅에 나게 된 것입니다.

우리는 하나님의 계획하심을 알면서도 고뇌합니다. 하나님이 나를 다루는 과정이라는 것을 알면서도 고뇌합니다. 인내할 때라는 것, 멈쳐서야 할 때라는 것을 알면서도 고뇌합니다. 하나님 말씀의 능력을 경험하지 못하는 이유입니다.

결과를 생각하기 때문에, 내게 이익이 되는지 손해가 되는지를 생각하기 때문에, 나 중심의 생각 때문에 순종하지 못하고 믿지 못하고 생각만 복잡해지는 것입니다. 순종은 단순함에 있습니다. 믿음은 단순함에 부응합니다. 믿음은 오로지 존재하는 것과 존재하지 않는 것밖에는 선택할 것이 없기 때문입니다. 고뇌하고 생각하는 것을 그치고 약속을 바라보는 훈련을 해야 합니다.

임마누엘의 하나님, 우리와 함께 계시는 하나님이라며 성탄절이 다가올수록 감사하지만 우리가 더 중요하게 보아야 할 것이 있습니다. 임마누엘의 약속을 하나님은 결국 성취하셨다는 것을 기억해야 합니다. 임마누엘 하나님을 생각하게 될 때마다 약속의 성취를 기억해야 합니다. 생각과 환경, 상태와 상황이 아닌 약속을 바라보아야 하는 이유입니다. 우리의 믿음과 순종은 약속을 바라는 자들에게만 주어집니다.

하나님의 말씀 안에서 믿음으로 단순함으로 순종하며 약속만을 바라보며 믿음의 열매를 사모하는 오늘 되시기를 예수 그리스도의 이름으로 기도드립니다.

"이 모든 일이 된 것은 주께서 선지자로 하신 말씀을 이루려 하심이니 이르시되 보라 처녀가 잉태하여 아들을 낳을 것이요 그의 이름은 임마누엘이라 하리라 하셨으니 이를 번역한즉 하나님이 우리와 함께 계시다 함이라" (마태복음 1:22-23)

벽과 울타리

사람들은 상처를 두려워합니다. 상처를 좋아할 사람은 없지만 그렇다고 상처를 피하기만 해서는 안 됩니다. 모가 난 곳을 깨서 온전케 해주고 세상이 아닌 하나님을 따라 살아갈 수 있게 해주는 가장 중요한 재료이기 때문입니다.

하나님의 사랑 안에서 상처를 경험한 적이 없다보니 그저 상처가 두려워 피할 것으로만 여겨집니다. 그래서 하는 일은 내 주변에 울타리, 바리케이드를 치는 일입니다. 상처받을만한 상황조차 만들지 않으려는 것입니다.

간과한 것이 있습니다. 울타리가 나를 보호해줄 것처럼 보여 지지만 결국 그 울타리는 세상을 향한 견고한 벽이 된다는 사실입니다. 남은 넘어오지 못하고 나는 넘어갈 수 있는 울타리로 여기지만 결국 나도, 남도 넘어올 수 없는 나만의 벽이 만들어집니다. 시간이 갈수록 그 벽은 높아져 이제 밖을 보기도 힘들게 됩니다. 나를 보호하려는 울타리가 세상과 나를 격리시켜버리는 벽이 되는 것입니다.

인생은 머물러 있을 수 없는 여정의 연속입니다. 이 땅이 아닌 하늘나라에 소망을 두고 그 본향(本鄕)을 바라보며 나그네와 같이 살아가는 순례자와도 같습니다. 울타리든 벽이든 나그네에게는 필요 없는 것입니다.

보게 되면 너무나도 쉽게 알 수 있는 울타리와 벽을 스스로는 구분하기 어렵습니다. 어려운 환경과 깊은 상처에 놓여 살기 위해 애쓰게 되고 견디고 버티며 살다보면 결국 나를 보호하고 나만 불쌍히 여기고 나만 사랑하게 되기 때문입니다.

그래서 하나님의 자녀 된 우리들은 늘 예수를 깊이 생각해야 합니다 (히브리서 3:1). 상황과 환경, 상태를 묵상하다보면 나도 모르게 울타리 작업을 하고 있게 됩니다. 상처에서 멀어지고 싶은 마음이 가득하지만 예수 그리스도를 깊이 생각하면 할수록 순례자의 마음으로 돌아가게 됩니다. 본향을 그리게 됩니다. 이 땅이 아닌 하나님의 것을 생각하게 됩니다. 나를 위해 이 땅에서 모든 간고와 질고를 경험하신 예수님으로 위로받게 됩니다.

우리의 마음에 하나님의 사랑이 부어지고 우리의 시선이 하나님의 시선을 향하게 됩니다. 울타리와 벽은 생각지도 않는 삶을 살아갈 수 있습니다. 삶이 성령님과 동행하는 온전한 순례의 길이 되는 것입니다. 삶에 매몰되지 말고 모든 것 위에 뛰어나신 예수를 바라고 깊이 생각하며 상처까지도 내어드릴 수 있는 오늘 되시기를 예수 그리스도의 이름으로 기도드립니다.

"위의 것을 생각하고 땅의 것을 생각하지 말라 이는 너희가 죽었고 너희 생명이 그리스도와 함께 하나님 안에 감추어졌음이라" (골로새서 3:2-3)

딸아이의 마시멜로 이야기

아침 등교를 하기 위해 현관문을 나서던 딸아이가 중요한 이야기를 해줘야 한다고 합니다. 조금 늦은 감은 있었지만 눈빛을 보니 그냥 들어줘야할 것 같았습니다. 어제 밤 꿈을 꾼 이야기였습니다.

자기가 너무 좋아하는 영화를 보러 극장에 갔는데 기다려야 하는 상황이어서 살짝 실망하고 있었는데 악마가 나와서 이쪽으로 오면 영화 빨리 보여주고 맛있는 것도 준다고 하더라는 겁니다. 4명의 친구와 함께 갔는데 그 중 3명의 친구는 빨리 보고 싶다며 악마에게로 갔다는 것입니다. 한 마디를 덧붙입니다. "나도 영화 빨리 보고 싶었는데... 꾹 참았어요. 난 악마가 아닌 예수님 편에 서 있는 게 더 좋았거든요."

그제서야 학교 가는 아이를 불러 세우고 말했습니다. "꿈에서라도 엄청 기특하네~ 기쁠 때나 슬플 때나 늘 예수님만 보며 따라가야 한다. 그게 우리에게 얼마나 큰 기쁨인지 몰라~ 알았지?" 이 말에 한 마디 툭 던지고 문을 닫는 딸아이. "그럼요, 예수님만 따라 갈꺼에요. 걱정마세요." 우리 마음속에는 하나님이 원하시는 것보다 내가 원하는 것이 가득 들어차 있습니다. 그래서 기도의 응답을 기다리기보다 세상의 흐름을 따라 손해 보지 않고 조금이라도 더 얻기 위해서 무엇이든 조급하게 행동하는 경향이 생기게 됩니다.

오래 전 읽었던 '마시멜로 이야기'가 생각났습니다. 15분을 기다려 마시멜로 한 개를 상으로 더 받은 아이들과 참지 못해 마시멜로를 먹어치우고 만 아이들의 10년 성장과정을 상호 비교해 본 결과입니다. "15분을 참았던 아이들이 그렇지 못한 아이들보다 학업성적도 뛰어나고 친구들과의 관계도 훨씬 원만하고, 스트레스를 효과적으로 관리하는 등 성공적으로 성장하고 있었다."

여기서 중요하게 언급하는 것은 '인내'가 아닙니다. 기다리면 먹을 수 있다는 것을 모두가 알았지만 인내한 것, 그 인내를 '실천'한 것입니다. 인내가 무엇인지를 알지만 실천하는 사람은 많지 않습니다. 하나를 더 먹기 위해서 무작정 참고 기다리는 것은 기다리지 못하고 먹은 아이들과 다를 바가 없습니다. 무엇을 향한 기다림인지, 왜 기다려야 하는지를 알고 그렇게 행하는 실천이 있어야 하는 것입니다.

무엇을 향한 인생을 살고 있습니까? 내가 무언가를 얻기 위한 인내로 살아가십니까? 아니면 믿음으로 인내하며 살아가고 있습니까? 미소 지으며 말하던 딸아이의 얼굴이 메아리가 되어 마음에 담겼습니다. 믿음은 들음에서 나고 들음은 그리스도의 말씀으로 말미암는다는 말씀(롬10:17)도 함께 담겼습니다. 예수님이 이 땅에 오신 이유는 구원만을 위함이 아닌 어디로 와서, 왜 살며, 어디로 가는지에 대한 본질과 세상과 마음을 어떻게 다루며 살아가야 하는지, 무엇이 믿음인지를 직접 보여 주신 것임을 기억해야 합니다.

하나님 편에 서서 주시는 기쁨과 평안, 감사와 사랑을 경험하며 믿음으로 예수님만을 선택하는 오늘 되시기를 예수 그리스도의 이름으로 기도드립니다.

> "이와 같이 행함이 없는 믿음은 그 자체가 죽은 것이라 어떤 사람은 말하기를 너는 믿음이 있고 나는 행함이 있으니 행함이 없는 네 믿음을 내게 보이라 나는 행함으로 내 믿음을 네게 보이리라 하리라"
> (야고보서 2:17-18)

믿음의 첫 단계

많은 사람들을 만나보다 보면 신앙이 있는지, 없는지 알 수 없는 분들이 꽤 많습니다. 고개가 절로 갸우뚱 거리게 되는 사람들입니다. 교회는 오래 다녔지만 믿음의 확신이 없고 분위기는 성도(聖徒)지만 내용은 세상과 다를 것이 없는 모습입니다. 얘기하는 내내 마음이 불편하고 안타까운 마음이 가득해집니다.

곰곰이 생각해보았습니다. 왜 그럴까? 교회를 다니는데 왜 아직도 성도와 같은 모습으로 살지 못하는 걸까? 매번 세상에 속아 넘어지면서도 점점 더 세상의 것을 탐하게 되는 것일까? 신앙이 무기력한 것일까?

깨닫게 된 것이 있습니다. 첫 단계에서 멈춰지는 수준의 신앙의 모습이기 때문입니다.

하나님은 우리가 세상에서 충분히, 넉넉히, 온전히 살 수 있도록 배려해주셨습니다. 어떻게 하면 세상에 속하되 세상이 전부가 아닌 예수님이 가신 그 길을 따라 살 수 있는지를 다 알려주셨습니다.

그 첫 번째의 것이 십계명입니다. 10가지를 다 언급할 필요도 없습니다. 그 첫 계명에서 대부분의 사람들이 멈춰서 있고 온전히 믿지 못하고 있기 때문입니다. 첫 계명은 '나 외에는 다른 신들을 네게 두지 말라'는 것입니다.

하나님과 나 사이에 어떤 것도 두지 않는 친밀함을 말하고 있습니다. 하지만 대부분이 하나님과 나와의 관계 사이에 자신이 생각하는 보다 중요한 것들을 끼워놓고 살아갑니다. 돈, 권력, 품위, 인정, 자녀, 쾌락, 욕심, 심지어 상처까지도 줄 세워 하나님과 나 사이에 끼워놓습니다.

십계명을 두 가지로 축약할 수 있습니다. 예수님이 말씀하신 두 가지 강령입니다. 그 첫 번째는 '네 마음을 다하고 목숨을 다하고 뜻을 다하여 주 너의 하나님을 사랑하라'는 것입니다. 사랑하지 못하기에 자신도 사랑하지 못하고 이웃을 사랑할 수 없습니다.

성령의 아홉 가지 열매도 마찬가지입니다. 첫 단계의 열매는 사랑입니다. 하나님과의 사랑을 물론이고 모든 사랑이 헌신과 희생이 없는 자기중심적 사랑이다 보니 왜곡되어 열매를 거두지 못합니다. 나머지 8가지의 열매는 볼 수도, 맛볼 수도 없는 것입니다.

전신갑주를 입는 것도 마찬가지입니다. 첫 단계는 '서서 진리로 너희 허리 띠'를 띠는 것입니다. 삶의 중심이 오직 예수 그리스도가 되지 않는다면 의의 호심경, 구원투구 등 나머지의 것들은 무용지물, 장착할 수조차 없는 것이 됩니다.

언급한 것 뿐 아니라 성경에서 말씀하고 있는 모든 것이 마찬가지입니다. 첫 단계를 넘어서는 사람이 많지 않습니다. 넘어서는 것이 힘들고 어렵고 포기해야할 것도 많으니 그저 신앙적 색감만 억지로 맞출 뿐입니다. 믿음 있는 척 할 수밖에 없습니다.

결국 예수 그리스도가 내 삶의 전부가 되지 않는다면 신앙의 가면을 쓰고 괜찮다고 여기며 삶을 회피하는 삶을 피할 수 없을 것입니다. 삶의 이유, 목적, 방향 모든 것의 답이 예수 그리스도가 되지 않는다면 신앙을 다시 점검해보아야 할 것입니다. 하나님과 나 사이에 어떤 것이 있는지를 분별해야 합니다.

첫 단계를 믿음으로 넘어섬으로 놀라운 은혜를 경험하고 성도로 옮겨오는 오늘 되시기를 예수 그리스도의 이름으로 기도드립니다.

"무릇 내가 사랑하는 자를 책망하여 징계하노니 그러므로 네가 열심을 내라 회개하라 볼지어다 내가 문 밖에 서서 두드리노니 누구든지 내 음성을 듣고 문을 열면 내가 그에게로 들어가 그와 더불어 먹고 그는 나와 더불어 먹으리라"(요한계시록 3:19-20)

BIBLE
TALK

3. 비전편

무엇을 보고 있습니까?

내가 누구인지 아는 것은 매우 중요합니다. 내가 누구인지를 아는 것에 따라 내 생각과 태도와 모습이 달라지기 때문입니다. 모든 것이 뒤섞여 있는 지금의 시대에서 반드시 필요한 것이 '정체성'입니다.

하나님의 아들이요, 딸이라는 사실을 알고 있음에도 실제로의 삶은 다른 사람들의 눈치를 보며 살아가는 천덕꾸러기와 같은 삶을 살아가고 있습니다.

믿는 사람들은 상황에 따라 움직이는 사람이 아닙니다. 내 상태에 맞춰 살아가는 존재도 아닙니다. 하나님이 주신 그 길을 따라, 예수님이 걸어가신 그 길을 따라, 성령님이 동행해주시는 그 길을 따라 걷는 존재입니다.

하나님의 시선과 하나님의 마음이 우리에게 가장 중요한 것이 되어야 합니다. 내가 지금 바라보고 있는 것이 무엇입니까? 내가 지금 품고 있는 생각이 무엇입니까? 잠시라도 돌아본다면 내 정체성이 어디에 있는지는 분명하게 드러나게 됩니다. 중요한 것은 정체성이 무엇인지 헷갈리며 살아가는 사람도 많지만 이러한 정체성을 포기하고 살고 있는 사람이 훨씬 더 많다는 것입니다.

하나님 자녀라는 정체성을 품게 된다면 내 것을 챙기기 어려울 것을 알기 때문입니다. 내가 먼저 용서해야하고, 양보해야하며 손해 보는 일을 서슴없이 해야 하고 나누는 삶을 살아가야 한다는 것을 알기 때문입니다. 세상의 것을 사랑하지 않아야 하며 하나님이 전부되는 삶을 살아야 한다는 것을 알기 때문입니다.

나무는 알지만 열매는 모르는 삶입니다. 과정을 보지만 결과는 보지 못하는 사람입니다. 우리가 하나님의 자녀, 하나님이 우리의 아버지라는 전제조건을 잊은 사람입니다. 하나님이 우리와 함께 하시는 이상 고난도 축복이고 과정도 기쁨이며 결과는 은혜가 됨을 알아야만 합니다. 하나님의 큰 계획하심 안에서 가업을 이어가듯 하나님의 일 하심을 이어가는 것이 우리의 삶이라는 것을 놓쳐서는 안 됩니다. 이것이 '비전'의 인생입니다.

내가 하나님의 자녀라는 정체성을 놓치는 순간 우리의 초점과 중심은 세상을 향하게 됩니다. 우리가 자녀라는 것을 잊는 순간 우리에게 주신 재능은 놓치고 열등감과 비교의식만 남게 됩니다.

지금 무엇을 보고 있습니까? 무엇을 생각하고 있습니까? 오늘 가장 중요하게 생각하는 것이 무엇입니까? 하나님의 자녀로서의 정체성을 분명하게 함으로 열정적으로 살아낼 수 있는 오늘 되시기를 예수 그리스도의 이름으로 기도드립니다.

"성령이 친히 우리의 영과 더불어 우리가 하나님의 자녀인 것을 증언하시나니 자녀이면 또한 상속자 곧 하나님의 상속자요 그리스도와 함께 한 상속자니 우리가 그와 함께 영광을 받기 위하여 고난도 함께 받아야 할 것이니라" (로마서 8:16-17)

목표가 아닌 목적으로

"와~~ 세상이 이렇게 넓었구나. 다 보이네. 전부 다 왜 이렇게 작아요?" 건물 높은 곳에 오르자마자 9살 둘째 딸이 한 말입니다.

우리도 어린 아이처럼 세상이 넓다는 것을 잊고 살아갑니다. 내 삶에만 몰두하다보면 그렇습니다. 열심히 사는 것은 쉽지 않은 일이지만 열심히만 가지고는 안 됩니다. 목표를 정하고 열심히 달리는 것은 중요하지만 목표만 보다보면 넓게 보는 시야를 잃기에 전체를 보지 못합니다.

'목적'이 있어야 하는 이유입니다. 목표와는 완전히 다른 상위의 개념입니다. 목표는 목적을 향해 가기 위한 징검다리, 계단과 같은 역할입니다. 산을 오를 때 제일 높은 곳을 오르기 위해 작은 봉우리들을 오르는 것과 같습니다. 제일 높은 곳이 삶의 목적이고 산을 오르는 이유가 삶의 이유이며 작은 봉우리들이 삶의 목표입니다.

목표에 열심을 다하는 것이 아니라 삶의 이유를 분명히 해야 합니다. 그 이유로 삶의 목적을 바라봐야 하고 전체적인 그림 안에서 방향과 페이스를 조절해야 하는 것입니다. 대부분의 사람들이 목표를 목적으로 착각합니다. 열심이 있어도 넓게 보지 못하고 최선을 다해도 깊이 볼 수 없는 이유입니다. 목표를 이뤄도 목마르고 또 다른 목표를 이뤄도 만족하지 못합니다.

기차를 타고 목적지에 가던 중 잠시 쉬어가는 정차역에서 문이 열린다고 내리지 않습니다. 코스요리를 먹을 때 메인 요리가 나오기 전에 배를 다 채우는 사람도 없습니다. 자녀를 원하는 나이까지 정해 키우고 이후에 모른척하는 부모는 없습니다. 목표에서 그쳐지는 게 아니라 이유를 품고 목적을 향해 살아야 합니다.

삶의 의미, 이유, 목적은 나를 지으신 하나님을 만날 때 비로소 깨닫게 됩니다. 만족만을 향하는 것이 아니라 나를 향한 뜻을 향하게 됩니다. 목적을 위한 목표를 세울 수 있게 됩니다. 열심을 넘어 열정으로 소망으로 살아갈 수 있게 됩니다.

아무리 발버둥 쳐봐도 늘 허무하고 부족하고 만족하지 못하는 것은 나를 만드시고 삶의 이유를 주신 하나님을 알지 못하고는 삶을 이해할 수 없기 때문입니다. 목적을 향한 목표 있는, 비전의 삶을 살아가는 오늘의 발걸음 되시기를 예수 그리스도의 이름으로 기도드립니다.

"이는 세상에 있는 모든 것이 육신의 정욕과 안목의 정욕과 이생의 자랑이니 다 아버지께로부터 온 것이 아니요 세상으로부터 온 것이라"
(요한1서 2:16)

자유 의지

하나님은 왜 우리가 태어날 때부터 하나님이 우리의 주님 됨을 알게 하지 않으셨을까? 내가 죽고 주님이 내 안에 살아계심 자체로 끝없고 힘겨운 전쟁이 될 수밖에 없게 만드셨을까? 내 의로 인해 고통 받게 하시고 수많은 시행착오를 겪으며 수고하게 만드셨을까?

내가 내 삶의 주인인줄 알고 마음대로 살아가다 어느 날 하나님이 주님 되심을 깨닫고 돌아오게 되니 그 동안 쌓아온 죄가 너무도 많습니다. 그래서 늘 생각해온 질문입니다.

답은 하나입니다. 우리가 하나님을 진심으로 사랑하는 것, 그 사랑만을 원하시기 때문입니다. 복종하는 존재가 아니라 사랑하고 순종하는 존재가 되기를 원하셨기 때문입니다.

우리를 사랑하시는 그 하나님의 마음으로 우리 또한 하나님을 사랑하기 원하시는 것입니다. 마음 깊은 곳에서부터 우러나오는 진실한 믿음, 소망, 사랑을 원하셨기 때문입니다.

모든 것을 지으신 하나님이 마음대로 정하시고 행하시는 것이 아닙니다. 너무나 크신 하나님 앞에 주눅 들고 작아져 복종하며 부려지는 인격 없는 존재가 아니라 자유의지를 가진 존재로 창조하셨습니다. 필요를 위한 존재가 아니라 사랑을 위한 존재로 지으셨습니다.

자유의지는 하나님이 우리 아버지 됨을 깊이 알게 하시고 우리 삶이 하나님의 계획하심과 섭리하심 안에 있음을 깨닫게 되며 어디로 와서, 왜 살며, 어디로 가는지를 선명하게 알게 하시는 도구입니다.

오래 참으시고 기다리시며 포용하고 붙들어주심으로 열매 맺게 하시고 그 뿌리가 되어주심으로 끝없이 영양분과 필요를 공급해주시기에 하나님 아버지인 것입니다. 우리의 전부가 되어주시되 우리를 인정하시고 존중하심의 절묘함으로 우리 삶을 이끄심이 놀랍고 경이롭습니다. 우리와 동행해주심, 하나님과 함께함의 기쁨과 감사를 알게 될 때 우리는 어디서든 든든하고 당당한 삶을 살 수 있습니다. 푯대를 잃지 않고 살아갈 수 있습니다.

사랑은 나만의 사랑이 아닌 서로간의 사랑인 것처럼 함께 함 또한 하나님만의 기쁨도 아니고 나만의 기쁨도 아닌 우리의 기쁨이 됩니다. 우리의 마음을 붙드시고 언제나 필요를 채워주시며 함께 하기를 기다려주시는 하나님을 향하는 오늘 되시기를 예수 그리스도의 이름으로 기도드립니다.

"너희 안에서 행하시는 이는 하나님이시니 자기의 기쁘신 뜻을 위하여 너희에게 소원을 두고 행하게 하시나니, 이와 같이 너희도 기뻐하고 나와 함께 기뻐하라" (빌립보서 2:13,18)

돈은 똥이야!

얼마 전에 기사를 읽었습니다. 평생 일군 16,530㎡(5,000평)의 땅과 재산을 전부 기부. 기초생활 수급비마저도 모아 장학금으로 기부하신 할머니를 기자가 찾았습니다. 어떻게 이런 대단한 결정을 하셨느냐는 기자의 질문에 할머니의 대답이 정말 지혜로웠습니다.

"돈은 똥이야." 무슨 말인가 싶었는데 다시 말합니다. "돈이 쌓이면 악취를 풍기지만, 뿌리면 거름이 되지." 듣는 순간 돈에 대한 정의를 이렇게 명확하고 지혜롭게 설명할 수 있을까 싶었습니다.

아무리 아름다운 여인이라도, 세상에 둘도 없을 멋쟁이라도 화장실을 가지 않는 사람은 없습니다. 먹은 만큼 배출해야 살 수 있기 때문입니다. 세상에 물들지 않고 거룩하게 살아가는 사람도 돈이 없이는 살 수 없습니다. 무엇을 구입하든 돈이 필요하기 때문입니다. 우아한 척 해도 화장실에 가야하고 경건한 척 해도 돈은 필요합니다. 이 땅에서의 삶이기 때문에 그렇습니다.

열심히 살다보면 그 열심에 취해 목적을 잊을 때가 있습니다. 돈이 우선순위의 첫 번째가 아니라도 없이는 살 수 없기에 열심을 다하다보면 나도 모르게 돈이 일순위가 됩니다. 보물이 있는 곳에 마음이 있게 됩니다. 시간을 많이 쏟는 곳에 마음이 가게 되고 투자하는 곳에 마음이 쏠리게 됩니다.

휩쓸려 버리는 것은 시간문제일 뿐입니다. 그리스도인은 세상과 다른 가치로 이 세상을 살아가는 거룩함, 구별됨의 존재이기에 깨어 있어야 합니다. 늘 내가 어디로 향하는지, 누구와 함께 살아가고 있는지, 무엇을 위해 살아가는지에 대해 철저한 상고(相考)가 필요합니다.

'상고하다'는 것은 '견주어 고찰하다'는 뜻입니다. 하나님의 말씀에 내 자신의 모습을 비추어보고 깊이 되돌아봐야 한다는 말입니다. 세련된 신앙인은 진리에 스스로를 늘 비춰봅니다. 진실한 신앙인은 말씀이 기준이 됩니다.

마음이 어디 있는지 말씀을 상고함으로 동행을 놓치지 않고 돈이 아닌 하나님이 우선되는 열정으로 살아가는 오늘 되시기를 예수 그리스도의 이름으로 기도드립니다.

"베뢰아 사람은 데살로니가에 있는 사람보다 더 신사적이어서 간절한 마음으로 말씀을 받고 이것이 그러한가 하여 날마다 성경을 상고하므로"(사도행전17:11)

편안과 평안은 다릅니다

'편안'과 '평안'의 단어를 구별하지 못하는 사람들이 의외로 많습니다. 교회를 오랜 시간 다닌 사람조차도 그렇습니다.

치열했던 하루 일과를 마치고 집에 들어와 샤워를 하고 나만의 의자에 앉아 TV를 켜고 맥주 한 잔 들이키는 것을 평안이라 생각할 때도 많습니다. 내 마음이 편하고 모든 일이 내 마음대로 돌아갈 때를 평안이라 여기는 것입니다. 그러나 이것은 '편안함'입니다. 온전한 평안은 하나님과 동행할 때, 내 안에 와 주실 때만 경험할 수 있는 것이기 때문입니다.

자유도 마찬가지입니다. 엄청난 속도로 자유롭게 날아가는 비행기를 보며 나도 자유롭게 날고 싶다고 말하는 사람들이 있습니다. 5억 짜리 슈퍼카가 굉음을 내며 아우토반을 질주하는 모습을 보면서 자유롭게 질주하고 싶다고 생각합니다. 그러나 비행기는 항로가 있고 슈퍼카는 아우토반이라는 길 위에 달리고 있습니다. 진정한 자유는 길위에서만 가능한 것입니다. 하나님의 뜻 안에서만이 진정한 자유를 경험할 수 있습니다.

죄는 히브리어로 '하마르티아'라고 합니다. 뜻을 살펴보면 활을 떠난 화살이 과녁을 벗어났다는 것을 말합니다. 길을 벗어났다는 것입니다. 하나님과 나의 존재가 함께 하지 못한다는 것을 말합니다. 윤리적, 도덕적인 것을 초월해 가장 근원점의 죄는 하나님을 알지 못함에 있는 것입니다.

진리 안에 있을 때 자유할 수 있습니다. "진리를 알지니 진리가 너희를 자유케 하리라"(요8:32). 진리는 영원토록 변함없는 하나님의 말씀입니다. 말씀이 육신이 되어 오신 분이 바로 예수 그리스도(요1:1)입니다. "평안을 너희에게 끼치노니 곧 나의 평안을 너희에게 주노라"(요14:27). 보혜사 성령님이 우리 안에 와주시고 함께 동행해주심으로 평안을 누릴 수 있습니다.

하나님의 뜻과 때 안에 있을 때, 우리가 하나님의 임재하심 안에 있을 때 비로소 평안할 수 있고 자유 할 수 있는 것입니다. 그래서 예수님은 길이 되고 진리가 되며 생명이 되신다고 말씀하신 것입니다.

오늘도 여전히 길을 찾지 못해 헤매고 있는 사람들이 많습니다. 길도 없이 스펙만을 쌓아 자유롭고 멋지게 날고 싶어하는 사람들만 많습니다. 열심을 다해 좀 높은 위치에 앉고 좀 더 벌어서 여유 있는 삶이 되어 그 때의 편안함을 누리고자 하는 사람들이 많습니다.

죄는 과녁을 벗어난 것입니다. 죄를 향해 달려가면서도 자유와 평안을 말하지만 결국 그 열매는 쓰디쓸 수밖에 없습니다. 열심보다 방향이 중요한 이유입니다. 편안함이 아닌 평안함을 취해야 하는 이유입니다. 오늘도 진리를 향해 주신 소망과 비전으로 살아가시기를 예수 그리스도의 이름으로 기도드립니다.

"예수께서 이르시되 내가 곧 길이요 진리요 생명이니 나로 말미암지 않고는 아버지께로 올 자가 없느니라" (요한복음 14:6)

141

먼저 준비해야 할 것

문구점에 갔습니다. 들어가자마자 깜짝 놀랐습니다. 문구점 입구부터 안쪽 끝까지 줄이 길게 늘어서 있습니다. 새 학기 시작할 때의 필요한 학용품을 구입하기 위함입니다.

미리 구입하면 될 것을 왜들 개학하고 나서 사려고 할까요?! 게을러서 그런 것이 아닙니다. 개학 첫 날 받아온 가정통신문에 필요한 학용품의 목록이 적혀 있기 때문입니다. 학년마다. 반마다 선생님이 필수적으로 가져오라고 말하는 학용품이 조금씩 다르기 때문입니다. 몇 가지 공통적인 것은 미리 구입이 가능하지만 전부를 다 미리 구입할 수는 없습니다.

인생이야기를 듣다보면 다 비슷합니다. 사업이 어려워져 물질적으로 고생하는 일, 질병으로 인해 고통 받는 일, 자녀의 일탈로 인해 걱정하는 일, 부부간에 마음이 맞지 않아 어려운 일 등 거의 엇비슷한 내용들입니다. 이러한 일들이 우리 인생사에 한 번쯤은 일어난다고 할 때 미리 준비하면 될 텐데 그렇지가 않습니다. 가정통신문을 받아야 알게 되듯 물질의 어려움을 겪어봐야 일하는 것의 소중함을 알게 되고 질병이 와야 건강에 대해 깨닫게 되는 것이 우리의 모습이기 때문입니다.

미리 준비하며 살아가는 사람이 많지 않을 뿐 아니라 준비하며 살기 어려운 것은 크게 봤을 때만 엇비슷한 것처럼 보일 뿐 사람마다 그 색과 느낌, 결이 모두 다 다르다는 것입니다. 문제가 생겼을 때 그 문제를 바라보는 시각부터가 제각각입니다.

그러나 학기가 시작되기 전 공통적인 것을 먼저 구입할 수 있는 것처럼 문제가 찾아오기 전, 어려움을 겪기 전부터 준비할 수 있는 것이 있습니다. 삶의 이유를 분명히 하는 것입니다. 그저 맹목적으로 돈을 많이 벌고 건강하게 오래 살아야 한다는 개념이 아니라 선명한 푯대를 가지고 살아가는 것입니다. 돈을 벌어야 할 이유와 목적이 분명하지 않다면 넉넉할 때와 부족할 때의 모습, 태도, 상태는 완전히 달라집니다. 건강해야 할 이유와 목적, 가족이 화목해야 할 이유와 목적, 부부가 함께 살아가야 할 이유와 목적이 분명하지 않다면 늘 변화무쌍한 제각각의 삶을 살 수밖에 없습니다.

그저 환경이 주는 희로애락에 마음을 빼앗겨 정처 없이 살아갈 수밖에 없습니다. 지금 당장은 괜찮은 것처럼 보이지만 온전한 기준점이 없는 인생을 살아간다면 시간이 갈수록, 삶을 살아낼수록 간격은 더욱 크게 벌어지게 됩니다.

이리 저리 기웃거리며 얇은 귀를 펄럭거리는 것을 그치고 변하지 않는 기준점을 세워내야 합니다. 하나님이 내게 주신 달란트가 무엇인지, 지금 시대를 살아가고 있는 이유, 내가 버티며 견디고 살아가는 이유, 내가 무엇을 향해 달려가고 있는지의 목적을 분명하게 알아야 합니다.

하나님의 자녀답고 성도다운 모습으로, 주신 비전으로 준비되어지는 오늘 되시기를 예수 그리스도의 이름으로 기도드립니다.

"때가 이르리니 사람이 바른 교훈을 받지 아니하며 귀가 가려워서 자기의 사욕을 좇을 스승을 많이 두고 또 그 귀를 진리에서 돌이켜 허탄한 이야기를 좇으리라 그러나 너는 모든 일에 근신하여 고난을 받으며 전도인의 일을 하며 네 직무를 다하라" (디모데후서 4:3-5)

깨끗한 그릇

매일 아침마다 글을 씁니다. 매주 방송에 나갈 대본을 씁니다. 매주일 예배를 위해 설교원고를 작성합니다. 이제는 책도 씁니다. 생각해보니 글 솜씨도 없는 제가 글 쓰는 게 가장 중요한 일상이 되어 버렸습니다. 참 보잘 것 없는 사람이고 잘하는 것도 좋아하는 것도 없는 사람이었음에도 하나님은 깨알같이 보이지 않는 작은 재능을 귀하게 여기셔서 삶의 이유를 분명하게 해주셨습니다.

하나님의 부르심이 있었을 때 저 같은 사람을 왜 쓰시려는지 도통 이해가 되지 않았습니다. 똑똑하고 재능 있는 사람들이 많음에도 왜 나 같은 사람을 쓰시는지 몰라 오래 기도했습니다. 기도하며 몸부림치던 중 '정직', 그리고 '그릇'이라는 단어를 떠올리게 하셨습니다. 능력 있고 재능 있는 사람은 많지만 깨끗하게 정직하게 살아가는 것이 주의 길을 따르는 일에 가장 중요한 것이라고 말씀을 주셨습니다.

일반적으로 세상을 살아갈 때 재능이 있던지 학벌이 되든지 모든 것을 다해줄 수 있는 부모가 있어야만 잘 살아갈 수 있다고 생각하지만 하나님의 생각은 다릅니다. 하나님은 전능하신 분이기 때문에 그 무엇도 우리에게 주실 수 있습니다. 재능과 은사도 하나님이 주시고 채우시는 것입니다. 중요한 것은 우리의 마음입니다. 하나님을 향한 정직함입니다.

그릇도 종류도 중요하지 않습니다. 금그릇인지 은그릇인지 깨지기 쉬운 질그릇인지는 중요치 않습니다. 토기장이 되신 하나님이 그 뜻대로 빚으실 것이기 때문입니다. 중요한 것은 쓰임입니다. 종류가 아니라 깨끗한 그릇이 사용되어지는 것입니다. 그릇이 열려있고 깨끗해야 쓰임 받을 수 있는 것입니다. 우리가 늘 가장 중요하게 생각하는 크기와 종류는 그 다음의 일입니다. 사랑도 그릇에 담기고 인내, 평안, 기쁨, 소망, 예수님이 주시는 그 마음도 그릇에 담기는 것입니다. 그릇의 재질에 따라 변하는 것이 아닙니다.

오늘을 살아가기 위해 열심히 일하고 돈을 벌어야하지만 더 중요한 것은 어디서 와서 왜 살며 어디로 가는지를 분명하게 알고 그 길을 따라 살아가는 일입니다. 수단이 목적을 앞서서는 안 됩니다. 수단이 전부라고 살아간다면 인생의 후반전에는 그 누구보다 허무한 자신의 모습을 접하게 될 것입니다.

정말 필요한 것이 무엇인지, 오늘을 걸어야 할 이유가 무엇인지를 아는 것은 먹고 살아가는 것보다 더 중요한 것이 되어야 합니다. 깨끗한 그릇이 됨으로 쓰임 받는 오늘 되시기를 예수 그리스도의 이름으로 기도드립니다.

> "큰 집에는 금 그릇과 은그릇뿐 아니라 나무 그릇과 질그릇도 있어 귀하게 쓰는 것도 있고 천하게 쓰는 것도 있나니 그러므로 누구든지 이런 것에서 자기를 깨끗하게 하면 귀히 쓰는 그릇이 되어 거룩하고 주인의 쓰심에 합당하며 모든 선한 일에 준비함이 되리라" (디모데후서 2:20-21)

지치지 말아야 할 이유

오래 전, 딸아이가 물어본 것을 기억합니다. "아빠 나랑 같은 2학년인데 구구단을 아직까지 못 외우면 좀 아닌 것 같죠?" 대답해줬습니다. "아니. 조금 느리게 할 수도 있는 거지. 조금 느리다고 바보도 아니고 부족한 것도 아니란다. 달리기를 하면 빠를 수도 있지만 느리게 달리는 아이도 있잖아?"

아이가 맞장구치며 말합니다. "맞아요. 누구나 특징이 하나씩 있으면 되는 거죠. 그림을 못 그리는 대신 달리기를 잘할 수도 있구요. 그죠?"

인생을 살다보면 노력해도 잘 되지 않는 것이 있습니다. 최선을 다하면 무엇이든 할 수 있다고 배웠지만 그럼에도 잘 되지 않는 것이 있습니다. 무엇이든 다 잘할 수는 없습니다. 더 중요한 것이 있습니다. 누구나 하나쯤은 잘할 수 있는 재능을 주셨다는 사실입니다. 그럼에도 다른 사람들의 재능을 보고 최선을 다해도 잘 되지 않는 자신을 보며 낙심하는 것에 너무 집중한다는 것입니다.

느릴 수도 있습니다. 조금 못할 수도 있습니다. 탁월하지 않을 수도 있습니다. 중요한 것은 누구나 다 뛰어날 수는 없다는 것이고 배에 선장이 여러 명이 될 수 없다는 것입니다. 갑판장, 항해사, 요리사 등 모든 분야의 사람들이 함께 해야 배는 움직일 수 있습니다. 모든 사람이 다 선장을 하려고 한다면, 리더가 되고 싶어 하고 가장 높은 곳에 오르려 한다면 나라도 사회도 가정도 모두 제 역할을 감당할 수 없을 것입니다.

주신 달란트, 재능을 찾는 것이 중요합니다. 내 틀이 아닌 하나님의 관점에서 나 스스로를 발견하는 것이 중요합니다. 내가 누구인지를 알게 된다면 모든 것이 선명하게 보여지기 때문입니다.

달란트, 은사, 재능, 소질의 단어는 하나님이 우리에게 주신 것이라는 공통점이 있습니다. 끊임없는 비교에서 벗어나 하나님 자녀로서의 정체성이 온전히 세워질 때 자유함을 누릴 수 있을 뿐 아니라 우리에게 주신 것을 발견케 됨으로 살아갈 목적이 분명해지게 되는 것입니다.

빠를 수도 있고 늦을 수도 있습니다. 잘할 수도 있고 조금 못할 수도 있습니다. 내가 걷는 그 길이 맞는 길이고 옳은 길인지가 중요한 것입니다. 내게 주신 것, 보잘 것 없어보여도 내가 잘할 수 있는 것을 열심히 하다보면, 그 길을 묵묵히 걷다보면 언젠가는 쓰임 받고 인정받을 때가 반드시 옵니다.

나 스스로를 바라보며 불평하고 자책하는 것이 아닌 주신 것을 바라보며 비전 품는 오늘 되시기를 예수 그리스도의 이름으로 기도드립니다.

"말할 수 없는 그의 은사로 말미암아 하나님께 감사하노라"
(고린도후서 9:15)

열심만으로 안 됩니다

지난 주 주일학교 고학년 친구들에게 열심히 살지 말 것을 권면했습니다. 아이들 모두 깜짝 놀라며 어색하게 웃어버립니다. 열심히 사는 것이 나쁜 것은 아니지만 바로 앞의 목표만 열심히 따라 가다보면 맹목적인 삶이 되고 남들만 따라가는 삶이되기 때문이라는 말도 덧붙였습니다.

열심히 사는 것을 나쁘다, 잘못됐다고 얘기할 수 있는 사람은 없을 것입니다. 자녀들에게 열심히 사는 모습을 보여주고 그렇게 살 것을 늘 당부하기도 합니다. 그러나 인생이라는 전체그림을 놓고 본다면 열심히는 첫 번째의 것이 아닙니다. 열심히만 살다보면 방향이 흐려지게 됩니다. 이유와 당위가 사라지게 됩니다.

아이폰이 고장 났을 때 삼성서비스센터를 찾으면 될까요? 갤럭시폰이 고장 났는데 LG서비스센터를 찾게 되면 어떻게 될까요? 고치기는커녕 희한한 사람 취급을 받게 될 것입니다. 그 스마트폰을 만든 제조사의 서비스센터로 가야 수리 받을 수 있습니다. 스마트폰을 누구보다 정밀하게 알고 고칠 수 있으며 그에 맞는 부품도 얻을 수 있기 때문입니다.

가장 중요한 것은 내가 누구인지를 아는 것입니다. 하지만 소크라테스가 말한 것처럼 "네 자신을 알라"고 한 그 말이 수 천 년이 지난 오늘에도 회자되는 이유는 아직도 자신을 알기 어려울 뿐 아니라 아는 사람도 드물기 때문이며 매우 중요하기 때문입니다. 내가 누구인지를 알기 위해서는 나를 만드신 분에게 물어보는 일이 가장 우선되어져야 합니다. 나를 빚으시고 늘 함께 해주시는 하나님입니다. 자신이 낳은 자녀를 이해하기도 어려운 것이 부모입니다. 내 속에서 나왔지만 그 속을 알기 어렵습니다. 그 가운데서도 해야 할 것이 있습니다. 힘을 다하고 자녀의 소질, 재능, 달란트가 무엇인지를 찾아내는 일입니다. 하나님이 자녀에게 주신 씨앗이 무엇인지를 알고 함께 살아내며 케어해주는 일입니다.

직업 체험장을 데리고 다니는 일이 되어서는 안 됩니다. 자녀에게만 주신 유니크한 재능을 발견하기 위해서는 자녀를 사랑하는 일이 우선되어야 합니다. 그리고 하나님께 묻는 일입니다. 자녀는 내가 키우는 것이 아니라 하나님이 도와주셔야만 양육될 수 있습니다. 남들이 가는 길을 따라가는 것이 아니라 주신 길을 걸어가는 삶이 되도록 찾고 돕는 일이 자녀를 양육하는 중심이 되어야 합니다.

열심히 살다보니 하나님이 내게 주신 약속을 잊습니다. 열심히 살다보니 세상을 바라보는 시야가 좁아집니다. 열심히만 살다보니 사랑이 사라졌습니다. 하나님이 아닌 내가 삶의 중심이 되어버립니다. "이래보니 잘 되더라, 이렇게 하니 실패하더라. 그러니 너는 이렇게 살아야 한다. 이 정도까지는 살아야 하지 않겠니"라고 자녀를 양육하는 것은 자녀의 유니크한 삶을 무시하는 일입니다. 자녀 양육조차 내 중심으로 나도 모르게 이끌고 있는 것입니다.

'열심히'가 아닌 하나님을 인정함으로 꿈꾸며 살아가는 오늘 되시기를 예수 그리스도의 이름으로 기도드립니다.

> "너의 행사를 여호와께 맡기라 그리하면 네가 경영하는 것이 이루어지리라" (잠언 16:3)

부족해도 됩니다 방향만 바뀌면 됩니다

TV를 보다가 주인의 말을 듣지 않는 강아지를 훈련시키는 것을 보았습니다. 주인은 너무도 빨리 훈련받는 강아지를 보면서 놀랍니다. 저 또한 놀란 것이 하나 있습니다. 훈련의 핵심은 강아지의 '식탐'에 있었기 때문입니다. 흔히들 훈련을 시키려면 식탐과 같은 평소 행동을 제한시키면서 하는 것이 상식인데 도리어 그 식탐을 이용해서 훈련을 시키는 모습이 인상적이었습니다.

사람은 잘 변하지 않는다고 합니다. 예수를 믿어도 내 부모, 남편, 아내, 자녀는 변할 수 없다고 단정하기도 합니다. 그렇습니다. 사람은 변하기 어렵습니다. 성품, 생각, 습관이 변한다는 것은 너무나도 어려운 일입니다. 나 자신이 변하는 것이 세상 어떤 것보다 어려울 정도입니다.

그 어려운 것을 변화시키는 것이 하나님입니다. 완전히 새 사람이 되게 만드시는 것보다 다른 방법을 선택하실 때가 많습니다. 하나님은 우리를 훈련시키실 때 내 성품과 내재되어 있는 모습을 버리는 것이 아닌 다 사용하셔서 우리를 변화시키십니다. 우리에게 있는 성품을 고쳐 쓰는 것이 아니라 그대로 두시며 그 성품까지 사용하셔서 절묘하게 방향만 바꿔주십니다.

급한 성향은 열정 넘치는 삶으로, 머뭇거리며 우유부단한 모습은 온유함으로, 세상적인 지식이 넘치는 사람은 영성이 넘치는 삶으로 그 방향을 옮겨오신다는 것입니다. "나는 왜 이 모양이지? 왜 이 정도 밖에 안 될까? 어떻게 하면 이런 성격을 어떻게 고칠 수 있지?" 라는 고민은 하지 않아도 됩니다. 방향만 바뀌면 되기 때문입니다. 하나님께 잡힌바 되면 아무리 약하고 나약하고 필요 없어 보이는 사람조차 쓰임 받을 수 있습니다.

베드로의 성격은 원래 급했습니다. 그 급함을 열정으로 바꾸어주셔서 수제자의 모습으로 쓰임 받게 하셨습니다. 사도 바울은 바리새인이었을 때 최고의 스펙을 가졌음에도 선봉의 자리에서 그리스도인을 핍박하는 것에 앞장섰습니다. 그 지성을 영성으로 바꾸어주셔서 헬라인과 로마인들에게 복음을 전하게 하셨습니다.

우리 스스로의 모습을 그 누구보다 존중해주시는 하나님의 마음입니다. 잘못된 것을 뜯어고치려는 것이 아닙니다. 책망하고 가르쳐 변화시키려 하지도 않으십니다. 원래 우리의 모습이 너무나도 부질없고 부족하고 연약하더라도 믿음으로 하나님 앞에 나아오기만 하면 삶의 방향을 알려주심을 통해 그 모습 그대로 사용하시고 동역해주시는 것입니다. 사랑의 극대점입니다.

사랑이 얼마나 큰 지 지금의 모습까지도 인정하고 존중해주시는지 인간의 생각과 마음으로는 도저히 이해할 수 없고 납득되어질 수 없을 정도입니다. 고백하며 사랑의 하나님께 나아와 품에 안겨 살아가는 오늘 되시기를 예수 그리스도의 이름으로 기도드립니다.

> "너희가 노년에 이르기까지 내가 그리하겠고 백발이 되기까지 내가 너희를 품을 것이라 내가 지었은즉 안을 것이요 품을 것이요 구하여 내리라" (이사야 46:4)

하는 것 X, 되는 것 O

어릴 적 방학계획을 세운다고 도화지를 펴고 동그랗게 하루의 생활을 그리며 다짐했던 때를 기억합니다. 그림도 그려 넣고 강조하는 색도 칠하고 할 수 있다며 방학생활을 꿈꾸지만 작심삼일이었던 그 때를 기억합니다.

어른이 되고 하나님을 알고 믿게 되면서 주옥같은 하나님의 말씀을 냉장고, 모니터, 책상에 붙여놓고 지켜보려고 마음을 쓰고 노력해봅니다. 그러나 이 또한 어렸을 때 방학계획과 같은 범위를 넘어서지 못합니다.

아무리 하나님의 은혜가 커도 우리의 노력과 의지로 될 수 있는 부분에는 늘 한계가 있습니다. 그럼에도 우리가 세운 계획도 하나님이 주신 말씀도 지킬 수 있는 방법은 있습니다. 세운 계획의 목표가 아닌 목적을 설정하는 일이 먼저 되는 일입니다. 무엇이 되겠다, 무엇을 하겠다, 무엇을 이루겠다는 목표가 아닌 내가 어떤 삶을 살고자 하는 목적을 찾는 것이 우선되는 일입니다.

하나님의 말씀으로 살아가는 것도 마찬가지입니다. 말씀을 따라 살겠다는 마음도 참으로 귀하지만 내가 왜 말씀을 따라 살아가려고 하는지에 대한 분명한 이유와 목적이 있어야만 합니다.

말씀을 따라 살아가려는 이유는 뛰어난 종교인이 되려는 것은 아닙니다. 다른 사람들이 보기에 멋진 사람으로 보이기 위함도 아닙니다. 주신 은혜가 너무 크고 감사해서 나 또한 예수님이 가신 그 길을 따라 걷기 위함입니다. 그 길을 함께 걷기 위해서는 예수님과 같은 곳을 바라봐야 하고 같은 길을 걸어야하며 같은 마음을 품어야만 가능합니다. 예수님의 마음을 품고, 그 마음을 아는 것이 전제되어야 합니다.

그렇게 될 때 말씀을 지키는 것이 아니라 나도 모르게 말씀대로 살아가게 됩니다. '하는 것'이 아니라 '되는 것'입니다. 믿으려고 애쓰는 것이 아니라 말씀이 믿어지게 되는 것입니다. 하나님의 말씀을 따라 살아가려 애쓰는 것이 아니라 그리스도의 마음을 품음을 통해 말씀을 따라 살아가게 되고 자연스럽게 믿어지게 되는 것입니다. 말씀을 보고 따르는 것이 아니라 예수님을 따라 살다보면 살아가는 모습이 성경에 기록되어 있는 것을 거꾸로 발견하게 됩니다.

그리스도의 마음을 품는 그 친밀함의 회복을 통해 믿게 되고 따르게 되는 비전의 삶을 경험하는 오늘 되시기를 예수 그리스도의 이름으로 기도드립니다.

"너희 안에 이 마음을 품으라 곧 그리스도 예수의 마음이니" (빌립보서 2:5)

멈춤, 궁극의 경지

'멈춤, 궁극의 경지'라는 제목의 스포츠 칼럼을 읽었습니다. 메이저리 그에서 최고의 주가를 올리고 있는 류현진 선수에 대한 내용이었습니다. 잘 던지기는 하지만 갖가지 부상으로 실력에 비해 가치를 인정받지 못한 류현진 선수가 복귀 후 최고의 피칭을 이어가던 중 스스로 아픔을 호소하고 경기를 포기했습니다.

많은 사람들이 수군거렸습니다. 이후 그를 찾아올 가치를 떨어뜨릴 갖가지 말들이 돌았습니다. 인터뷰에서 류현진은 대수롭지 않은 듯 말했습니다. 그리 심각한 통증은 아니라는 것입니다. 왜 심각한 통증 도 아닌데 몸값을 떨어뜨리는 행동을 했을까? 많은 사람들이 이해하 지 못했습니다. 결론은 심각한 부상일 것이라는 판단이었습니다.

어떤 칼럼리스트는 이렇게 글을 썼습니다. "최고의 피칭을 하고 있는 류현진 선수를 보고 있자면 그 때의 선택이 대단한 판단이었다. 그 판 단이 어쩌면 커리어 최고의 결정 중 하나일지 모른다." 칼럼의 마지막 은 이렇습니다. "멈춤은 그렇다. 궁극의 경지에서만 실행할 수 있는, 가 장 고차원의 전략이 분명하다." 이 글을 읽는 순간 우리 그리스도인들에 게 반드시 필요한 것. 그것이 바로 '멈춤'이라는 것이고 영성에 있어서 '궁극 의 경지'가 아닐까라는 생각이 불현 듯 떠올랐습니다. 최고의 커리어를 찍 을 수 있는 그 순간, 수많은 비난이 있고 몸값이 떨어질 수밖에 없는 그 때 멈춤을 선택한 것은 우리에게 있어서 큰 영적 교훈을 줍니다.

취업에서 계속 떨어지고 대학에서 낙방하고 시험은 공부한 만큼 성적 이 오르지 않을 때 우리에게 필요한 것은 '멈춤'입니다. 너무 잘나가서

숨 가쁜 기쁨의 분주함이 가득할 때 우리에게 필요한 것도 '멈춤'입니다. 우리에게 '멈춤'은 하나님 앞에 '머무름'입니다. 내 실력과 능력으로의 분주함을 멈추고 하나님의 존재와 은혜를 사모하는 그 순간의 모습입니다. 하나님의 존재를 인정하고 사모함의 깊은 곳에 있을 때만이 할 수 있는 '머무름'입니다.

류현진이 멈출 수 있었던 것은 부상을 방지하는 것도 있었지만 다시 실력과 건강을 보여주면 그만이라는 생각이 있었기 때문에 가능했을 것입니다. 다른 사람의 시선을 의식했다면 류현진 선수는 멈추지 않고 계속 던졌을 것입니다. 지금 우리가 보고 있는 최고의 커리어를 다시 보지 못했을 수도 있습니다. 실패와 낙심, 절망이 이어져 희망을 갖는 것이 어색해질 때라도 삶의 모습으로 증명되어질 수 있다는 믿음을 기반으로 한 자신감이 있어야 합니다. 지금은 어렵지만 하나님의 도우심으로 지금의 상황이 역전될 것이라는 믿음이 있어야 합니다.

넘어지면 다시 일어나면 그만입니다. 내 연약함을 인정하고 주님의 손을 붙잡으면 그만입니다. 넘어졌을 때 창피하다고 벌떡 일어나는 것이 아니라 잠시 멈춰 생각해야 합니다. 상처, 아픔, 실망, 낙심이 아니라 나와 함께 하시는 하나님을 생각해야 합니다. 멈춤, 머무름 안에서 하나님의 은혜와 주시는 방향을 다시금 경험하는 오늘 되시기를 예수 그리스도의 이름으로 기도드립니다.

"하늘에 계시는 주여 내가 눈을 들어 주께 향하나이다 상전의 손을 바라보는 종들의 눈 같이, 여주인의 손을 바라보는 여종의 눈 같이 우리의 눈이 여호와 우리 하나님을 바라보며 우리에게 은혜 베풀어 주시기를 기다리나이다" (시편 123:1-2)

시작과 끝

컴퓨터를 다 쓰고 나면 전원을 끕니다. 화장실에 들어갈 때 켜진 전등은 나올 때 꺼지게 됩니다. 어떤 것도 사용을 마치고나면 전원을 끄게 되어 있습니다. 하지만 인생에는 전원 스위치가 없습니다. 잠시 휴식을 취하고 충전이 될 수 있는 잠자리의 시간뿐입니다. 매번 끝남과 동시에 또 다른 시작이 기다리고 있는 것이 인생입니다.

20세 이하 월드컵에서 4강 신화를 이뤄낸 국가대표팀 감독의 인터뷰가 마음에 와 닿았습니다. "오늘은 기쁨을 마음껏 즐기고 내일부터 다시 시작하겠습니다." 우리가 주일에 만나 함께 드리는 예배도 마찬가지입니다. 한 주간의 삶을 돌아보며 회개하는 마감과 동시에 주신 은혜와 믿음, 용기로 다시 한 주를 살아가는 시작점이 되어 집니다.

전원 스위치 없이 끊임없이 연결되는 것이 바로 인생입니다.

이것이 인생임을 알고 있다면 한 번쯤은 반드시 생각해봐야 할 것이 있습니다. 내가 지금 향하고 있는 방향, 가장 중요하다고 생각하는 일, 매일 가장 많은 관심을 갖고 보는 것이 무언지를 점검해야 합니다.

결국 우리가 일하는 것은 먹고 살기 위한 것에만 머무는 것이 아니라 하나님의 부르심 안에서 각자에게 주신 재능과 역할, 위치에서 사명을 감당하는 것이 되어야 한다는 것을 알게 됩니다. 내가 하는 일이 완벽하지도 않을뿐더러 늘 실수하는 존재임으로 우리의 삶을 이끄시고 인도하시며 보호하시고 도와주실 하나님이 반드시 필요하다는 것 또한 알게 됩니다.

결국은 삶은 소유의 넉넉한데 있는 것이 아니라, 사회에서 권위를 높이고 인정받으며 무언가를 이루는데 있는 것이 아니라 하나님과의 동행함에 있다는 것을 알게 됩니다. 하나님과 멀어지면 죄와 가까워지게 됩니다. 죄와 가까워질수록 하나님과 멀어지게 됩니다. 돈이 전부가 아니라고 말하지만 결국 돈을 모으고 높아지는 것에 재미와 맛을 알게 됨으로 끝과 또 다른 시작점을 잊고 하나님과 멀어지게 됩니다. 방향을 놓치고 삶의 이유를 잃어버립니다.

아무리 젊어도 노년의 시간은 반드시 우리를 찾아옵니다. 매일 새로운 시작을 하지만 모든 것에는 끝이 있음을 알아야 합니다. 아무리 좋은 경치라도 곧 지나가게 되는 것처럼 기쁨이든 아픔이든 모든 것은 지나가게 되어 있습니다.

행복, 사랑, 기쁨, 평안은 소유의 넉넉함에서도 오지 않습니다. 하나님과의 동행 안에서 모든 인생의 과정을 걸어내는데 있습니다. 오늘도 그 길을 용기 있게 걸어내시기를 예수 그리스도의 이름으로 기도드립니다.

> "그들에게 이르시되 삼가 모든 탐심을 물리치라 사람의 생명이 그 소유의 넉넉한 데 있지 아니하니라 하시고" (누가복음 12:15)

아픔은 사명이다

목회의 멘토이기도 한 젊은 목사님이 있습니다. 말씀하실 때마다 자신은 늘 부족한 사람이지만 나눔에 있어서는 1등이 되고 싶다는 말씀을 농담처럼 하셨던 목사님입니다.

마을공동체를 만들어서 많은 마을 자영업자와 가정에 선한 영향력을 끼칠 뿐 아니라 지역아동센터를 통해 아이들을 하나님의 말씀과 다른 곳에서는 상상할 수 없는 가장 좋은 먹거리, 체험거리로 섬기고 있습니다.

지역아동센터 설립 13주년 예배에서 다시 만나 뵈었습니다. 처음 듣는 이야기가 있었습니다. 나눔에 있어서 1등이 되고 싶다는 말씀에 대한 이유였습니다.

"아이들 몇 명 없을 때 쌀이 없어서 밥을 먹을 수 없게 될 때가 있었다. 앞에 있는 공원에 나가 울며 기도하며 아이들 먹여주실 것을 간절히 기도했다."며 그 부족했던 때가 나눔 실천하기를 위해 기도를 시작했던 때라는 것이었습니다. 정말 부족해서 먹을 것이 없을 때가 나눔을 결심하게 된 때라는 것입니다. 참으로 아이러니한 일입니다.

그 아이러니한 일을 예전에도 경험한 적이 있습니다. 복지재단에서 근무할 때의 일입니다. 정말 많은 분들이 후원을 해주셨는데 알아보니 형편이 넉넉해서 돕는 분들이 아니었습니다. 그 중 자신이 받는 기초생활수급비에서 다른 이웃을 위해 나누고 계시는 분을 우연찮게 만나게 되었습니다. 나누는 이유인즉슨 "내가 어렵게 살아보니 그들의 마음을 잘 안다. 얼마나 힘들까, 얼마나 어려울까 라는 마음이 늘 듭니다."

사랑을 받은 사람이 사랑할 수 있고, 헤아림을 받은 사람이 다른 사람을 헤아릴 수 있습니다. 아파본 사람이 그 고통에 놓여있는 사람을 위로할 수 있는 것입니다. 그 분의 마음에는 내 것을 조금 나누는 차원이 아니라 그들의 어려움을 잘 알기 때문에 자신이 그들의 어려움을 조금 덜어 짊어지겠다는 뜻이 담겨 있던 것이었습니다. 재단에서 받는 도움 중 십분의 일을 다시 재단에 기부하겠다는 말씀도 덧붙여주셨습니다.

"아픔은 사명이다."라는 말을 들은 적이 있습니다. 내가 겪은 과거의 어려움과 아픔은 매번 읊조리게 되는 한탄이 아닙니다. 지금의 현실을 회피하는 합리화의 수단도 아닙니다. 사명인 것입니다. 죄 없으신 예수님이 우리를 위해 조롱, 천대, 멸시, 죽음을 경험하셨듯이 우리 또한 이웃을 향해 나누고 내어줌으로 가신 그 길을 동행할 수 있습니다. 어려움과 아픔을 내어놓을 수 있습니다. 각기 주신 재능과 위치에서 살아낼 수 있습니다. 이것이 사명입니다.

경기가 어려울수록, 내 생활이 부족할수록 이웃을 돌아보며 그 짊을 서로 나눠질 수 있는 부르심의 이유, 사명으로 살아가는 오늘 되시기를 예수 그리스도의 이름으로 기도드립니다.

> "우리의 모든 환난 중에서 우리를 위로하사 우리로 하여금 하나님께 받는 위로로써 모든 환난 중에 있는 자들을 능히 위로하게 하시는 이시로다 그리스도의 고난이 우리에게 넘친 것 같이 우리가 받는 위로도 그리스도로 말미암아 넘치는도다" (고린도후서 1:4-5)

살아가는 방법, 사랑하는 방법

언젠가 예능 프로그램을 본 적이 있습니다. 우리나라 학생이 미국 고등학교에 직접 가서 수업을 듣고 경험해보는 것입니다. 고등학교 수업임에도 대학교 수업과 비슷하게 진행되었습니다. 놀라운 것은 과목이 너무나도 다양했다는 것이고 수업에 임하는 학생들의 태도와 마음가짐은 마치 취업준비생의 모습처럼 보였습니다.

몇 명의 학생의 인터뷰를 정리해보자면 이렇습니다. 목공기술을 배우는 학생은 학교에서 배워 자격증을 취득해 사회 나가 원하는 회사에 입사할 것이고 범죄를 연구하고 추리하는 수업을 듣는 학생은 과학수사대(CSI)에 입사할거라는 목표가 분명했습니다. 대학은 본인이 하고 싶은 일에 대해 필요할 때 가는 것일 뿐 고등학교만 나와도 충분히 사회의 일원으로서 제몫을 하고 살 수 있는 환경이었습니다. 우리나라 고등학생의 모습과 확연하게 달랐습니다.

TV에서 본 그 모습들을 정리해보자면 학교는 학생들에게 살아가는 방법을 가르쳐주고 있었습니다. 취업해서는 더 구체적으로 살아가는 방법, 관계, 세상을 배워나갈 것입니다. 과정마다 살아가는 방법을 익히고 배우게 됩니다. 사람마다, 직능마다의 노하우를 쌓아가는 것입니다. 하지만 살아가는 방법보다 더 중요한 것이 있습니다.

노하우를 쌓아가고 삶의 방법을 배우는 것보다 더 중요한 것은 '사랑하는 법'을 배우는 일입니다. 살아가는 방법보다 사랑하는 방법이 더 소중하고 어렵습니다. 실력보다 중요한 것이 인성이듯 살아가는 방법이 온전해지기 위해서는 사랑하는 법을 배워야 합니다. 저는 아직도 사랑하는 법을 배우고 있습니다. 하나님과의 친밀함을 배우고 있고, 성도와의 관계를 배우고 있으며 아내와 부부가 되는 것을 배우고 있습니다. 자녀와 교제를 나누는 것 또한 배우는 중입니다.

사랑하는 방법을 배운 사람은 살아가는 방법도 깊이 있게 알 수 있습니다. 반면에 살아가는 방법만 아는 사람은 사랑하는 방법을 알기 어렵습니다. 살아가는 방법을 배우기 위해 여러 과목을 듣고 경험해보며 자신이 원하는 길을 찾듯 사랑하는 방법을 배우기 위해서는 여러 경험과 상황을 통해 상대방을 알 수 있도록 힘써야 합니다.

사랑하는 사람에게 사랑을 주기 위해서는 알아야 합니다. 상대방의 마음을 아는 일입니다. 하나님과의 관계 뿐 아니라 모든 관계가 마찬가지입니다. 하나님을 알면 나를 알게 됩니다. 나를 알게 되면 많은 사람의 마음을 헤아릴 수 있게 됩니다. 결국 사랑을 알면 살아가는 이유, 목적, 방법까지도 알게 되는 것입니다.

무엇이 먼저이고 나중인지를 알게 되는, 하나님의 뜻 그 비전을 따라 살아가는 오늘 되시기를 예수 그리스도의 이름으로 기도드립니다.

"나는 인애를 원하고 제사를 원하지 아니하며 번제보다 하나님을 아는 것을 원하노라" (호세아 6:6)

성장, 성숙 그리고 뿌리

어제도 오늘도 아이들이 안마를 해달라고 난리입니다. 무릎도 아프고 허리도 아프고 심지어 손목까지도 아프다고 합니다. '성장통'입니다. 상담을 하다보면 이것도 힘들고 저것은 어렵고 어떨 때는 너무 아파서 넘어져 일어나고 싶은 마음조차 갖지 못한다는 말을 듣습니다. 이 또한 '성장통'입니다.

살아있다면 느끼게 되는 너무나도 자연스러운 현상입니다. 육체는 뼈의 성장판이 열려 있을 때만 성장하지만 어른이 되기 위한 성장판은 우리 삶의 호흡이 끝나는 날까지 계속 됩니다. 몸이 커가는 것은 자연스럽게 일어나는 일이지만 생각과 마음이 자라나는 것은 인식하고 의지를 갖고 힘써야만 가능한 일이기에 쉽지 않습니다. 어른이 되기보다는 어른인척 살아가는 편이 훨씬 수월하기에 늘 쉬운 길을 찾아갑니다.

'첫 술에 배부르랴, 천리 길도 한 걸음부터, 티끌모아 태산, 시작이 반이다.'라는 말은 모두 세상에 쉬운 일이 없고 가야할 길도 해야 할 일도 많지만 하나씩, 한걸음씩 시작하다보면 될 수 있다는 말입니다.

성장이라는 것은 주어진 하나님의 뜻 가운데 과정을 걸어내는데 있습니다. 조금 성장하고 성장통으로 인해 힘드니 그만 자라고 이제는 성숙해짐을 경험해보고 싶다는 사람들을 종종 만나게 됩니다. 스스로 무너지는 길을 선택하는 것입니다. 성장통이 없으면 자랄 수 없고 열매 또한 맺을 수 없습니다.

성숙함은 열매가 맺혀짐을 의미합니다. 열매가 맺혀지기 위해서는 영양분을 공급해낼 수 있고 열매의 무게를 견뎌낼 수 있는 튼튼한 가지가 있어야 합니다. 가지가 열매를 맺어내는 제 역할을 감당하기까지는 자라나야 합니다. 성장이 필요합니다. 충분한 성장이 있어야만 성숙함도 경험할 수 있습니다.

그보다 더 중요한 것이 있습니다. 뿌리를 내리는 일입니다. 뿌리를 내려야만 성장과 성숙 모두 가능합니다. 아무리 성장통이 있더라도 자라나는 아이를 먹이고 재우고 양육해줄 수 있는 가정, 즉 뿌리 되는 가정이 필요합니다.

우리 삶의 뿌리는 하나님입니다. 우리를 만드시고 먹이고 입히시고 재우시며 보호, 인도하시고 가르쳐주시며 도와주시는 우리의 어른 됨을 책임져주는 뿌리입니다. 뿌리 없는 성장통은 불가능합니다. 뿌리가 있기에 성장통을 겪을 수 있고 성숙함의 열매를 향해 성장이 가능한 것입니다.

인생의 성장통 가운데 하나님께 뿌리를 두고 소망을 향하는 오늘 되시기를 예수 그리스도의 이름으로 기도드립니다.

"내 안에 거하라 나도 너희 안에 거하리라 가지가 포도나무에 붙어 있지 아니하면 스스로 열매를 맺을 수 없음 같이 너희도 내 안에 있지 아니하면 그러하리라 나는 포도나무요 너희는 가지라 그가 내 안에, 내가 그 안에 거하면 사람이 열매를 많이 맺나니 나를 떠나서는 너희가 아무 것도 할 수 없음이라" (요한복음 15:4-5)

비전의 통로: 좁은 길

프랑스의 인류학자이며 민속학자인 아르놀트 반 헤네프는 '통과의례'라는 말을 처음으로 말했습니다. "출생과 성장, 생산, 그리고 죽음이라는 단계에서 끊임없이 새로운 단계로 넘어가게 되는데 그 과정 자체가 우리의 삶이다."

좀 더 쉽게 말하자면 나이를 먹어감에 따라 유치원, 초등학교, 중학교, 고등학교, 대학교, 직장, 결혼, 출산, 생계, 자녀의 결혼, 죽음이라는 큰 틀 안에서 살아가는 것, 누구나 통과해야하는 것, '통과의례'라는 것입니다.

터키의 시인 나짐 히크메트는 〈신과의 인터뷰〉라는 자신의 책에서 더 깊은 통찰을 줍니다. "어린 시절이 지루하다고 서둘러 어른이 되는 것, 그러고는 다시 어린 시절로 되돌아가기를 갈망하는 것, 돈을 벌기 위해 건강을 잃어버리는 것, 그리고는 건강을 되찾기 위해 돈을 다 잃는 것, 미래를 염려하느라 현재를 놓쳐 버리는 것, 그리하여 결국 현재에도 미래에도 살지 못하는 것, 결코 죽지 않을 것처럼 사는 것, 그리고는 결코 살아본 적 없는 듯 무의미하게 죽는 것."

누구나 가는 길을 나도 똑같이 걸어가야만 하는가? 남들이 다 가는 길을 가야만 불안하지 않고 살 수 있는 걸까? 그래야만 뒤처지지 않는 삶이 되는 것일까? 이토록 미련하게 살아가는 것이 맞는가? 이렇게 살아갈 수밖에 없는 것인가? 무엇을 향해 살아가는 것일까? 이 땅이 전부라고 믿는 사람들은 그렇게 살아가는 것이 맞을 것입니다. 하지만 천국을 본향으로 여기는 사람의 삶은 달라야 합니다. 소명과 사명으로의 삶이어야 합니다.

남들이 다 하는 것을 내가 하지 못할 때 불안을 느끼고 비교하며 우울해지는 것이 아니라 사명의 길을 걸어야 합니다. 누구나 다 가는 길을 가는 존재가 아니라 가지 않는 길, 가기 어려운 길, 좁은 길, 부르심의 길을 걷는 존재입니다.

좁은 길을 좋아하는 사람은 없습니다. 주신 길에 만족할 사람도 없지만 그 길을 누구와 걷는지에 따라 달라집니다. 좁은 길, 주신 길에는 예수님의 동행하심이 있습니다. 뒤처지는 삶이어도 누구나 갖고 있는 것을 소유하지 못해도 기쁨과 평안이 생기게 됩니다. 좁은 길을 걷는 사람은 그 이유와 목적을 분명히 압니다. 하지만 큰 길, 누구나 다 가는 길, 쉬운 길을 걷는 사람은 걸으면 걸을수록 왜 걷는지의 이유도 모른 체 걷게 됩니다.

좁은 길은 옳은 길입니다. 동행할 수 있는 길입니다. 부르심 받은 자들이 걸어야 할 길입니다. 천국인 본향으로 향하는 길입니다. 사명자의 길입니다. 하나님이 인정하는 길입니다. 생명의 길입니다. 쉬운 길이 아닌 옳은 길을 선택함으로 부르심으로 살아가는 오늘 되시기를 예수 그리스도의 이름으로 기도드립니다.

"좁은 문으로 들어가라 멸망으로 인도하는 문은 크고 그 길이 넓어 그리로 들어가는 자가 많고 생명으로 인도하는 문은 좁고 길이 협착하여 찾는 자가 적음이라"(마태복음 7:13-14)

비전의 시작점: 心부름

일산으로 성경공부를 가며 운전하던 중 큰 트럭에 쓰여 있는 단어가 눈에 확 들어왔습니다. "心부름, 무엇이든 성심껏 도와드리겠습니다." 그 날 성경공부의 주제는 "소명"이었습니다. 너무나도 정확하게 저에게 다시금 설명해주심을 느낄 수 있었습니다.

'소명'은 부르심입니다. 우리의 마음을 부르셨고 하나님의 마음으로 부르셨습니다. 그래서 예수님을 만나서 우리가 하는 일은 마음을 고백하는 일입니다. 부르심은 내 마음대로 살던 존재에서 하나님의 자녀로서의 존재로 불러주심을 의미합니다. 정체성이 바뀌고 세계관, 가치관이 한 순간에 바뀌는 것을 말합니다.

무엇이 옳고 그른지, 무엇이 먼저인지 나중인지가 확연하게 바뀌게 됩니다. 과거에 머무르던 내가 이제는 내일을 바라보게 되고 낙심하던 오늘이 내일을 위해 힘쓰고 주신 것에 기대하며 감사할 수 있는 오늘로 변하게 되는 것입니다.

소명 받은 사람은 부르심에 그쳐지지 않습니다. 우리 안에 빛으로 와 주심으로 심어 놓아주신 묻혀있던 각자만의 달란트(재능, 소질)를 발견하게 됩니다. 늘 비교하며 만족을 찾던 세상적 눈에서 우리를 지으시고 부르신 이유를 깨닫는 믿음의 눈이 열려지는 것입니다.

주신 것으로 살아가는 것이 바로 '사명'입니다. 소명을 통해 존재, 삶의 이유와 목적을 깨달았다면 사명을 통해 무엇을 어떻게 하며 살아갈 수 있는지의 구체적인 모습이 그려지게 되는 것입니다. 우리 마음을 불러주시는 心부름이 없이는 연결되어질 수 없는 우리의 삶이 되는 것입니다. 하나님의 계획하심과 그 뜻과 때 안에서 우리에게 주신 꿈을 이뤄가며 살 수 있는, 결국 하나님이 우리에게 원하시는 심부름을 하는 것. 이것이 바로 소명과 사명으로 살아가는 것입니다.

내게 주신 꿈은 생명을 전하는 일입니다. 세상이 전부라고 여기는 이들에게 시작점이라고 말해주는 것, 낙심과 절망 가운데 있는 사람들에게 삶의 소망을 알려주는 것, 비교하며 열등감에 사로잡혀 있는 사람들에게 정체성을 가르쳐주는 것. 돈, 권력, 인정, 소유, 욕심, 시기, 상처, 아픔에 매여 인생의 전부가 되는 죄 가운데 있는 사람들에게 이를 벗어나 자유로 살 수 있는 길을 알려주는 것이 바로 나의 사명입니다. 도구만 다를 뿐 모두 이유와 목적은 같습니다.

어떤 직업, 어떤 위치에 있든 관계없이 우리의 부르심은 하나입니다. 생명을 전하는 일입니다. 세상과 자신만의 생각에 매여 살아가는 죄의 종된 사람들에게 자유함을 전하는 일입니다. 하나님의 心부름에 응답함으로 하나님의 심부름하는 자로 부르심 받은 것을 깨닫고 그렇게 살아가는 오늘 되시기를 예수 그리스도의 이름으로 기도드립니다.

> "몸이 하나요 성령도 한 분이시니 이와 같이 너희가 부르심의 한 소망 안에서 부르심을 받았느니라" (에베소서 4:4)

내게 맞는 옷

젊은 목회자들을 만나게 될 때마다 느끼게 되는 것이 하나 있습니다. 교회가 커지고 사람이 많아지는 것을 일순위로 여기지 않는다는 것입니다. 하나님이 자신에게 주신 달란트, 색깔을 보며 주신 어울리는 옷을 입고 살아갑니다.

사람들을 따라 유행하는 옷을 입는 것이 아니라 내게 맞는 옷을 입고 살아갑니다. 그래서 사람을 모으기보다 사랑을 나누는 것을 우선으로 여깁니다. 퍼포먼스가 아니라 예배에 집중합니다. 보여 지는 것이 아닌 진실한 삶을 살아가게 됩니다. 남의 시선을 의식하지 않고 하나님의 시선만을 바라봅니다.

하지만 옷에 나를 맞추는 사람들도 많습니다. 옷의 화려함, 옷의 브랜드에 나를 맞추는 사람입니다. 예전부터 입고 있던 옷을 고집하는 사람들도 많이 있습니다. 아무리 더러워져도 입던 옷이 편하다고 합니다. 오물이 묻어도 좋은 브랜드의 옷이기 때문에 포기할 수 없다고 말합니다.

옷은 남들이 아닌 나에게 맞아야 하고 어울려야 합니다. 일상이 편해야 합니다. 그리고 무엇보다도 깨끗해야 합니다. 맵시, 브랜드, 화려함, 익숙함이 아닌 깨끗함이 가장 우선되어져야 합니다. 브랜드 있는 비싼 옷이 내 가치를 결정해주는 것이 아닌 누가 입느냐에 따라 그 옷의 가치가 결정되어지는 것을 알아야 합니다. 결국 내 안의 욕심이, 이전에 배워왔던 가르침이, 세상의 가치를 중시하는 유혹이 나를 늘 옛사람으로 돌아가게 합니다.

예수님을 믿게 되었다면 입고 있던 옷을 벗고 새 옷으로 갈아입어야 합니다. 욕심이 아닌 진실함으로, 이전의 가르침이 아닌 하나님의 말씀인 진리로, 세상의 가치가 아닌 깨끗한 옷을 입어야 하는 것입니다.

겉만이 아닌 속사람이 변화되어질 때, 옛사람이 아닌 새사람으로 향하게 될 때, 어제가 아닌 내일을 향하게 될 때 시선을 빼앗기지 않고 비로소 나에게 주신 맞는 옷, 깨끗한 옷을 입을 수 있게 됩니다. 내게 맞는 옷이 무엇인지를 구하고 가치와 시선을 새롭게 정리하는 오늘 되시기를 예수 그리스도의 이름으로 기도드립니다.

> "진리가 예수 안에 있는 것 같이 너희가 참으로 그에게서 듣고 또한 그 안에서 가르침을 받았을진대 너희는 유혹의 욕심을 따라 썩어져 가는 구습을 따르는 옛 사람을 벗어 버리고 오직 너희의 심령이 새롭게 되어 하나님을 따라 의와 진리의 거룩함으로 지으심을 받은 새 사람을 입으라"(에베소서 4:21-24)

과정 그리고 기다림

운동선수가 실수를 하거나 성적이 좋지 않을 때마다 주변에서 하는 말이 있습니다. "밥 먹고 운동만 했는데 왜 저런데?!" 성적이 좋지 않은 학생에게도 같은 말을 합니다.

"밥 먹고 공부만 했을 텐데 도대체 성적이 왜 이래?! 딴 짓한 거 아니야?!" 더 자주 듣는 말이 있습니다. "교회를 다니는 사람이 왜 저런데?! 요즘 교회에서는 저렇게 가르치나봐. 예수를 믿는 사람이 그렇지 뭐."

어떤 글에서 읽은 이야기는 우리의 현주소를 명확히 인식하게 합니다. 싸움을 말리던 사람이 이렇게 말했다고 합니다. "싸움은 여기서 하는 게 아니에요. 교회에 가서 해야죠. 시끄럽게 여기서 왜 이래요."

본질을 향해야 한다는 것을 알지만 그 본질을 마음에 담고 그렇게 인식하며 살아가는 것은 어렵습니다. 수많은 시선으로 인해 아프고 그 과정은 끝이 없는 것만 같습니다.

운동선수가 성적이 좋지 않거나 부상을 당했을 때, 학생이 성적이 좋지 않을 때를 거쳐 가는 과정, 교회를 다니는 신도가 성도가 되어가는 것도 모든 것이 과정이지만 사람들은 과정을 보지 않는 것입니다. 과정이 없는 결과는 없습니다.

그래서 기다림이라는 것은 늘 어디에나 누구에게든 반드시 필요합니다. 성적이 좋지 않거나 부상을 당해도 그 과정을 회피하지 말고 잘 견뎌내고 버텨내며 겪어내야만 합니다. 부상당하지 않고 운동하는 법을 배울 수도 있고 그 부상 가운데 초심을 찾고 겸손함과 같은 과정 속에 담겨진 것을 배울 수 있기 때문입니다.

영어공부를 왜 해야 하는지를 몰라도 일단은 해야 합니다. 수학공부가 삶과 무슨 관계가 있느냐고 하더라도 하고는 있어야 합니다. 아직은 어떤 과정에 있어야할지 모르기 때문입니다. 알고 시작하는 것이 합리적으로 보이지만 인내하지 못하는 것이며 준비되지 못하는 것입니다.

기도를 해야 한다는 것은 잘 알지만 잘 되지 않습니다. 말씀대로 살아야 한다는 것을 알면서도 그렇게 되기가 어렵습니다. 그래서 믿음 생활을 하는 것이 어렵다고들 말합니다. 말씀대로 살아가는 것이 어렵고 세상의 이치와는 맞지 않는 것처럼 보이지만 그렇지 않습니다. 세상은 회복되어야 할 곳이고 우리 또한 회복되어야 할 존재이기 때문입니다.

여기까지는 마음을 잘 먹을 수 있지만 순간순간 세상과 부딪히는 좌절과 말씀대로 살지 못하고 순종치 못하는 내 모습을 인한 자괴감으로 무너지곤 합니다. 과정입니다.

정체성은 바뀌었지만 과정의 몫이 필요합니다. 신분은 바뀌었지만 신분에 걸맞게 살아가는 법을 배우고 몸에 익숙해지는 시간이 필요한 것입니다. 예전의 생각과 모습으로 돌아가려는 나와의 싸움도 만만치 않습니다.

과정의 기다림을 피해서는 안 됩니다. 기다림과 과정 가운데 묵묵히 머물러 겪어내는 인내와 절제가 필요합니다. 하나님 앞에서 존재되기 위한 몸부림입니다. 그 몸부림은 세상의 인정이 아니라 하나님의 인정을 받는 것입니다.

작은 애벌레가 최선을 다해 몸부림을 치지만 우리 눈에 보이기는 꿈틀거리는 것으로만 보입니다. 하지만 오랜 시간을 두고 보면 어딘가를 향하고 있음을 알 수 있게 되는 것과 같습니다.

과정과 기다림 안에서 정체성을 분명히 함으로 견뎌내고 버텨내고 겪어내는 오늘 되시기를 예수 그리스도의 이름으로 기도드립니다.

> "너희의 믿음의 역사와 사랑의 수고와 우리 주 예수 그리스도에 대한 소망의 인내를 우리 하나님 아버지 앞에서 끊임없이 기억함이니 하나님의 사랑하심을 받은 형제들아 너희를 택하심을 아노라"
> (데살로니가전서 1:3-4)

BIBLE
TALK

그리스도인

교회를 오래 다닌 사람들의 안타까움이 있습니다. 이야기를 차근차근 나누다보면 하나님의 말씀이 아닌 익숙함이 신앙의 전부인 경우를 만나게 되기 때문입니다. 무언가에 대해서 물어보면 성경을 근거로 말하는 것이 아니라 언젠가 들어봤다거나 목사님이 그렇게 얘기하셨다고 말합니다. 당연하다는 듯 웃으면서 말하지만 심각한 일입니다.

물론 가랑비에 옷이 젖어 들어가듯 자연스럽게 신앙을 갖게 되는 것은 나쁘지 않지만 그것이 전부가 되어서는 안 되는 것입니다. 신앙은 우리가 아는 것에서 멈춰지는 것이 아니라 우리가 살아가야할 전부가 되어야하기 때문입니다. 하나님의 말씀을 듣고 "좋은 말씀이다. 유익한 말씀이다."라고 동의하는 것은 신앙이 아닙니다. 그 말씀이 진리가 되어 내 삶의 기준이 되는 것이 신앙입니다.

모든 사람들이 학연과 지연으로 살아갈 때 하나님의 말씀으로 살아가는 것, 서로 좋은 게 좋은 거라 여기고 관례라고 말하는 당연하다는 것을 하지 않는 것, 옳은 것은 아니지만 서로 정(情)이라 여기며 해왔던 일을 멈추는 것, 비즈니스 관계를 유지하기 위해 서로 주고받는 일을 멈추는 것, 사람들이 옳다고 여기는 것이 아닌 하나님이 옳다고 여기는 그 길을 걷는 삶이 세상의 법보다 상위에 있는 하나님의 공의로 살아갈 수 있는 길입니다.

사람을 두려워하는 것이 아니라 하나님을 두려워하고 사람을 기쁘게 하는 것이 아니라 하나님을 기뻐하는 삶이 되는 일입니다. 반대로 세상의 수많은 도전과 인정받지 못함, 별난 사람이라고 칭함 받는 여정이 시작됩니다.

그래서 신도가 아닌 성도로 세상을 살아가기는 쉽지 않습니다. 옳은 길을 걷는다는 것은 친척과 아버지의 집을 떠나 하나님이 보여줄 땅으로 가는 오롯이 믿음만으로 살아가는 아브라함의 여정과도 같습니다. 세상을 등지고 하나님을 바라보는 삶이 되는 것입니다. 옳다고 여기는 길이 아닌 옳은 길을 걷는 삶이 되는 것입니다. 그럴 때 세상에서는 그들을 '그리스도인'이라고 부르게 되는 것입니다.

그리스도인이라고 불리고 있습니까? 아니면 좋은 사람이라고 평가받고 있습니까? 신앙은 교훈과 선함을 향한 익숙함으로 사는 것이 아니라 진리인 하나님의 말씀으로 살아가는 일이 되어야 합니다. 때문에 신앙의 여정이 쉬울 수 없습니다. 하지만 하나님의 백성으로서 우리의 정체성은 분명해질 수 있습니다. 삶은 더 풍성해질 수 있습니다.

세상의 소유가 아닌 하나님이 주시는 기쁨과 평안, 그 사랑으로 살 수 있는 길이기 때문입니다. 삶의 이유와 목적이 날마다 선명해질 수 있는 길이기 때문입니다. 정체성이 날마다 더 선명해지는 삶을 살아가는 오늘 되시기를 예수 그리스도의 이름으로 기도드립니다.

"바나바가 사울을 찾으러 다소에 가서 만나매 안디옥에 데리고 와서 둘이 교회에 일 년간 모여 있어 큰 무리를 가르쳤고 제자들이 안디옥에서 비로소 그리스도인이라 일컬음을 받게 되었더라"
(사도행전 11:25-26)

열매 맺기

교회에 출석한지 얼마 안 된 분이 이런 질문을 했습니다. "교회에 다니신다는 분들을 종종 만나는데 성경에서 말하고 있는 것처럼 살지 않는 분들이 많아서 말씀과 사람 중 무엇이 맞는지 헷갈릴 때가 있습니다. 무엇이 맞는 걸까요?"

교회에 다니면서도 일상에서 하나님의 일하심을 경험하지 못하고 하나님의 은혜를 맛보지 못하는 사람들이 의외로 많습니다. 이런 분들의 공통점이 있습니다.

하나님의 말씀과 세상에서의 삶을 별개로 여기는 것입니다. 교회와 삶을 구분해서 사는 분들입니다. 삶의 자리에서 하나님의 자녀인지 아닌지 구분할 수 없는 분들이 대부분 여기에 속합니다. 교회에 다닌다고 했을 때 의외라고 여김 받는 분들이 그렇습니다. 기도는 간절히 하는데 응답받지 못하는 분들 또한 여기에 속한 분들입니다. 하나님을 믿으면서 삶의 변화는 없고 단지 축복받기 위해 교회에 출석하는 분들도 여기에 속한 분들입니다.

하나님의 말씀 없이 제멋대로 믿는 신앙이고 본인 원하는 것만 구하는 자기만족의 믿음입니다. 하나님의 자리에 그 어떤 우상을 가져다 놓아도 상관없는 종교적 모습일 뿐입니다. 모양만 있을 뿐 내용은 없습니다. 보이는 것만 하나님의 자녀처럼 보일 뿐 능력은 없습니다. 믿음이 있어 보이지만 열매는 거둘 수 없습니다.

교회를 오래 출석했어도 결정적인 순간 하나님의 말씀을 따르지 않고 내 마음대로 살아온 사람, 이리저리 갈팡질팡 하다가 상황에 따라 어쩔 수 없는 선택을 해온 사람들은 어떤 길이 하나님이 기뻐하시는 길인지도 알지 못합니다. 그저 잘 되면 하나님의 은혜로 여기고 잘 못되면 하나님의 뜻으로 가져다 붙여버리는 제멋대로의 해석을 하기 때문에 영적 방향감각도 없고 은혜를 경험하지도 못하며 열매는 당연히 있을 수 없습니다.

하나님의 말씀이 진리이고 하나님이 선하신 분이라고 믿으며 하나님의 약속이 성취됨을 경험하고 싶다면 주신 말씀대로 살면 됩니다. 내 의로움이 아닌 하나님의 의로움으로, 나만의 진실함이 아닌 은밀함까지도 내어 보이는 정직함으로, 도덕적 선함이 아닌 하나님의 공의 안에서의 선함으로 살아가게 됩니다.

한 입으로 두말 할 수 없듯, 포도나무 가지에서 사과가 열릴 수 없듯, 하나의 수도에서 깨끗한 물과 더러운 물이 나올 수 없듯, 빛과 어둠은 함께 할 수 없습니다. 태도를 분명히 해야 합니다. 어떤 것을 선택하고 방향을 결정할 것인지 무엇을 믿고 살아갈 것인지를 분명히 해야 합니다. 하나님의 자녀는 자녀답게, 믿음은 말씀 그대로 믿어야 하는 것입니다. 판단은 하나님이 하시고 우리를 그저 준행하면 되는 것입니다.

내 멋대로가 아닌 하나님께 의뢰함으로 열매 맺는 삶으로 전환되어지는 오늘 되시기를 예수 그리스도의 이름으로 기도드립니다.

> "빛의 열매는 모든 착함과 의로움과 진실함에 있느니라 주를 기쁘시게 할 것이 무엇인가 시험하여 보라 너희는 열매 없는 어둠의 일에 참여하지 말고 도리어 책망하라" (에베소서 5:9-11)

훈련이 필요합니다

매일 아침, 바이블톡(묵상글)을 쓴지 벌써 8년이 조금 넘었습니다. 하나님이 주시는 영감이기는 하지만 예전의 글과 지금의 글을 비교해 보면 다른 점이 있습니다. 가장 큰 차이점은 글의 양이 많이 늘어서 많은 분들이 읽기에 부담을 느낀다는 것이고 또 하나는 글이 읽기에 많이 좋아졌다는 점입니다.

영감의 차이는 없을 것입니다. 보여주시는 것, 느끼게 해주시는 것을 예수 그리스도의 안경으로 보고 글로 옮기는 것이기 때문입니다. 차이가 있는 것은 흔히들 말하는 글재주가 늘었다는 것입니다. 신기한 것은 글을 잘 쓰기 위해서 독서량을 늘린 것도 아니고 글 잘 쓰기는 방법을 연구한 것도 아니고 그런 책을 읽은 것도 아니라는 것입니다.

매일 글을 쓰는 것으로 훈련된 것입니다. 매일 아침마다 글을 쓴 것이 90개월을 훌쩍 넘겼고 대략 2700여개 정도의 묵상글로 훈련된 것입니다. 근육 운동하는 양으로 치면 온몸에 근육이 상당히 잘 만들어진 것입니다. 근육 있는 몸을 만들기 위해서 오랜 시간동안 많은 양의 훈련이 필요한 것처럼 글 쓰는 훈련이 된 것입니다.

우리의 영성도 그렇습니다.

그저 그렇게 교회에 다니다보면 믿음이 좋아지고 깊어지는 것이 아닙니다. 오랜 세월이 아니라 훈련받은 것만큼 영적인 근육이 생기고 믿음의 뿌리가 깊어지는 것입니다. 성경말씀 읽는 훈련, 믿음으로 살아내는 훈련, 기도하는 훈련, 서로의 다름을 알고 나의 모난 부분을 깎아내는 공동체에서의 훈련, 배려하고 사랑하고 용서하는 훈련, 피하고 하기 싫은 것들을 맞닥뜨리는 훈련 등의 영성훈련이 있어야만 합니다.

믿음의 뿌리가 깊어질수록 큰 비와 바람도 견뎌내고 추위를 이겨낼 수 있습니다. 어떤 뿌리는 바위를 뚫기도 합니다. 매일 기도하는 습관, 하나님의 말씀으로 세상과 부딪쳐 본 과정, 진실함을 품고 눈물로 하나님을 찬양하고 경배했던 예배, 끝까지 하나님을 신뢰했던 것, 신앙의 흔들림으로 결국 곤고함을 가져왔던 모든 것이 내 영성을 만들어내는 것입니다.

죄인 된 우리의 신분은 그 죄를 속량해주신 예수 그리스도를 믿기만 하면 단 순간에 변화되지만 생각, 말, 마음, 가치, 관점은 수많은 과정을 필요로 합니다.

그저 성경말씀을 통한 감동과 그 감동으로 인한 용기로 세상이 뒤바뀌는 것이 아닙니다. 그렇게 혈과 육으로 세상을 향하는 것이 아닙니다. 끝까지 하나님만을 신뢰하고 마음에 품고 기도할 수 있는 것, 그렇게 함께 할 제자들을 키워낼 수 있는 수준까지 쌓여져야 합니다.

결국 우리의 영성은 쌓이는 것입니다. 우리의 기도도 마찬가지입니다. 그 쌓인 것만큼이 나의 모습입니다. 내 상태입니다. 영성, 우리의 신앙도 훈련이 필요합니다. 우리 인생의 곳곳마다, 순간마다 하나님의 말씀이 기준이 되고 그 존재하심이 가장 중요한 결정 기준이 되는 훈련이 필요합니다.

늘 하나님의 뜻대로 하고 싶고 그렇게 원하지만 되지 않는 것은 이러한 훈련과정에 있거나 아니면 신앙의 호기만으로 세상을 향하는 것 둘 중의 하나입니다.

다윗이 골리앗을 쓰러뜨린 것이 한 순간에 벌어진 일이 아니듯 오늘이라는 과정을 잘 견뎌내고 버텨내며 훈련되어지기를 예수 그리스도의 이름으로 기도드립니다.

> "망령되고 허탄한 신화를 버리고 경건에 이르도록 네 자신을 연단하라, 이 모든 일에 전심전력하여 너의 성숙함을 모든 사람에게 나타나게 하라" (디모데전서 4:7,15)

BIBLE
TALK

오늘 나의 모습은?

겸손함으로 기도의 자리에 있을 때 그리고 이전의 나보다 성장하게 될 내가 알지 못하는 나의 모습을 발견하게 됩니다.

기쁜 일 같지만 맞닥뜨리는 그 때만큼은 그렇지 않습니다. 굉장히 불쾌합니다. 지금의 내 모습보다 조금은 나아보이는 척하며 살아왔는데 그 수준에도 한참 미치지 못하는 내 모습을 들켜버렸기 때문입니다. 이런 내 모습을 보게 될 때 잠시 좌절하게 되지만 결국 조금 더 나아보려고 애쓰게 됩니다. 그래서 매일의 삶이 짧게 느껴지고 해가 왜 벌써지는지 한탄스럽습니다.

하루가 지날 때 오늘 하루 무언가 일의 결과가 보이거나 성과를 얻었을 때 나도 모르게 보람도 느껴지고 그래도 밥값은 했다고 생각됩니다. 반대로 무언가 과정만 있었고 결과가 없거나 헛물켜는 일만 했다고 생각될 때는 오늘 도대체 무엇을 하고 살았는지 하루가 아깝고 힘이 빠집니다.

이러한 삶을 살아가는 이유를 깊이 살펴보면 근원점에 다다르게 됩니다. 불안과 두려움이 내 마음 속 깊이 어딘가에서 자리 잡고 꿈틀거리고 있기 때문입니다. '다른 사람보다 뒤처지면 어떻게 하지? 여기서 뒤처지면 다시 일어날 기회도 없을 텐데… 실패하면 어떻게 하지? 떨어지면 어떻게 하지?' 자신도 모르게 걱정과 염려에 뒤엉켜 성공강박증을 갖고 살아갑니다. 다른 사람과 끊임없이 비교하며 열등감을 키워가며 살아갑니다.

영화 "록키"를 아십니까? 챔피언과 경기를 벌이는 록키를 보며 주위에서 만류하고 걱정할 때 이렇게 말합니다. "져도 상관없어. 내가 원하는 건 끝까지 버티는 거야." 록키는 15라운드를 버텼지만 결국은

졌습니다. 15라운드 종이 울리고 자신이 졌다는 판정에도 아랑곳하지 않고 마치 승자처럼 애인을 끌어안고 사랑을 이야기하는 모습은 감동과 함께 의아함을 갖게 했습니다.

내 모습이 비록 삼류의 모습이라도 괜찮습니다. 주어진 삶을 힘껏 기쁘게 살아가면 됩니다. 비교하지 않으면 그만입니다. 하나님이 주신 삶을 살아내면 그만입니다. 사람들과 비교하며 조금 더 특별해지기 위해 치열한 경쟁으로 살아가는 것이 아니라 하나님이 나에게 특별히 주신 꿈을 품고 열정으로 살아가는 인생이 되어야 합니다.

두려움은 하나님을 향한 시선을 놓쳤을 때 드러나게 되는 것입니다. 염려는 하나님이 창조하신 특별한 나를 잊었을 때 경험하는 것입니다. 근심은 열정적으로 살지 못할 때 나를 찾아오는 것입니다.

하나님이 주신 꿈을 비전으로 품으며 실패가 아닌 하나님을 두려워하고 세상이 아닌 하나님을 사랑하는 인생을 살 때 매일의 삶은 기쁨으로 가득 차게 됨을 경험하게 될 것입니다. 믿음의 눈으로 세상과 나를 보게 될 것입니다. 하나님을 향해 더 나아오는 오늘 되시기를 예수 그리스도의 이름으로 기도드립니다.

> "너희는 약한 손을 강하게 하며 떨리는 무릎을 굳게 하며 겁내는 자들에게 이르기를 굳세어라, 두려워하지 말라, 보라 너희 하나님이 오사 보복하시며 갚아 주실 것이라 하나님이 오사 너희를 구하시리라 하라 그 때에 맹인의 눈이 밝을 것이며 못 듣는 사람의 귀가 열릴 것이며" (이사야 35:3-5)

인생 이야기

초등학교 2학년 딸아이는 호기심이 많습니다. 요즘에는 곤충에 빠져 있습니다. 베란다 구석에 있는 거미와 만나는 것을 즐거워하고 곤충들의 이름과 특징을 외웁니다.

저도 어렸을 때부터 호기심이 많았습니다. 딸아이와 같은 곤충에 대한 호기심이나 물건에 대한 호기심이 아닌 사람에 대한 호기심입니다. 지나가는 사람들 표정의 이유들을 알고 싶었습니다. 누구든 따라가서 무엇을 하고 사는지, 어디로 가는지, 왜 그런 표정을 짓고 있는지를 알고 싶었습니다. 카페에 가면 책은 보는 둥 마는 둥 하며 사람들의 이야기를 들었고 지하철을 타면 이어폰을 끼고 음악이 아닌 사람들의 이야기를 들었습니다.

그래서 그런지 TV는 다큐멘터리를 좋아하고 책은 에세이를 즐겨봅니다. 드라마도 자주 보지는 않지만 재밌는 것이 아닌 삶의 애환이 담긴 것만 주로 보게 됩니다. 인생은 이야기를 담고 있습니다. 대충 살아가도 이야기가 있고 열정을 다해 살아가도 누구에게나 이야기는 있습니다. 중요한 것은 모든 이야기는 기승전결이 있다는 것입니다. 결말이 반드시 있습니다. 없는 것은 속편을 연결시키기 위한 장치일 뿐입니다.

인생은 이유와 목적이 있는 여정입니다. 하나님의 계획하심을 살펴보면 그냥 왔다가 그냥 가는 사람은 없습니다. 단 한 사람도 빼놓지 않으시고 달란트, 재능, 소질을 주셨고 먹고 살아가는 것에 그쳐지는 것이 아니라 가정과 교회를 이루고 사회를 이뤄 함께 살아감이 전제된 것입니다. 함께 살아감은 서로가 살아갈 수 있는 동질감을 갖는 것에 그치지 않습니다. 성령님과 연합되어 한 소망을 품고 지체되며 교회됨으로 생명을 전하는 도구가 되는데 있습니다. 서로가 서로를 붙들어 세상에 휩쓸리지 않는 것에 있습니다. 모든 삶의 이야기는 생명으로 귀결됩니다.

기쁘지 않으면 살아도 사는 것이 아닙니다. 무언가가 잘 되고 풍성해져도 허무함이 찾아옵니다. 그 걸음의 이유를 알지 못하기 때문입니다. 어떤 사람은 늘 두려움과 염려 가운데 살아갑니다. 늘 혼자 고군분투하며 살아가는 것으로 느끼기 때문입니다. 어떤 사람은 너무나 어려운 환경 가운데서도 꿋꿋하게 살아갑니다. 기뻐할 것이 없는 것처럼 보이지만 늘 기쁨과 평안이 넘쳐납니다. 성령님과 연합됨으로 소망이 있는 인생, 생명으로 살아가기 때문입니다.

인생 여정의 방향을 반드시 살펴야할 이유입니다. 하나님께 속해 있어야 할 이유입니다. 보이는 것이 아닌, 지금의 환경이 아닌 그 모든 것이 엮여지는 그 이야기의 이유를 알아야 합니다.

인생의 이야기를 아는 사람은 겸손과 온유함으로 일합니다. 오래 참음과 사랑 가운데 용납함과 평안함으로 성령님과 연합함으로 일합니다. 부르심 받은 그 이유로 살아갑니다. 생명을 향합니다. 기쁨과 소망에 대한 이야기로 엮여지는 삶의 이야기가 있습니다. 부르심의 한 소망 안에서 비전을 누리며 살아가는 오늘 되시기를 예수 그리스도의 이름으로 기도드립니다.

"우리 주 예수 그리스도로 말미암아 우리에게 승리를 주시는 하나님께 감사하노니 그러므로 내 사랑하는 형제들아 견실하며 흔들리지 말고 항상 주의 일에 더욱 힘쓰는 자들이 되라 이는 너희 수고가 주 안에서 헛되지 않은 줄 앎이라" (고린도전서 15:57-58)

본능에서 본질로

사람들은 좋은 것과 나쁜 것을 구분은 하지만 결국 내가 원하는 것만
을 선택하면서 살아갑니다. '본질'이 아닌 '본능'을 선택하는 것입니
다. 내가 원하는 것을 선택하는 것이 나를 위하고 스스로를 사랑하는
일이라고 착각하는 사람들이 의외로 많은 것입니다.

흔히 자녀들에게 야채를 먹이거나 좋은 음식을 권할 때 말하지 않습
니까? "입에서 쓴 것이 약이 된단다. 맛으로 먹지 말고 건강을 위해서
먹어야 해." 그럼에도 자신은 건강하게 살아가기 위한, 내 몸을 유지
하기 위한 본질이 아닌 맛있는 것을 먹고자 하는 본능만이 가득한 삶
을 살아갑니다.

어디서 와서 왜 살며 어디로 가는지에 대한 본질, 살아가는 이유와 목
적을 붙들고 본질을 주신 분에 이끌리어 살아가야 함에도 불구하고
본능으로 향합니다. 외로움을 어떻게든 달래보려고 세상의 것을 탐
닉합니다. 허무함을 달래보기 위해서 이것저것 채워 넣어봅니다. 만
족함을 경험하기 위해서 죽을 것을 알면서 불빛으로 달려드는 나방
처럼 세상을 향합니다.

아기가 엄마의 품에서 가장 안정적일 수 있는 것은 아기를 뱃속에서
10개월간 품었기 때문입니다. 엄마의 뱃속이 자신이 원래 있던 곳이
기 때문입니다. 하나님 안에서 평안을 누릴 수 있고 세상에서 얻지 못
하는 만족함을 얻을 수 있는 이유는 그분에게 나왔기 때문입니다. 그
분의 사랑만이 우리의 외로움, 허무함, 만족함을 채워줄 수 있기 때문
입니다. 본질입니다.

예수님은 하나님의 아들임과 동시에 함께 세상을 창조하신 성자 하나님이시지만 이 땅에서 삶은 자신의 뜻대로 하지 않으시고 자신을 보내신 이, 아버지의 뜻대로 살아갔습니다. 늘 본질을 붙들었습니다. 희노애락, 어떤 상황에서도 늘 하나님의 뜻을 묻기 위해 기도의 자리에 나아갔습니다. 기도하는 것이 습관이 될 정도로 그렇게 묻고 또 물으며 살아가셨습니다.

지금을 살아가는 우리가 본능이 아닌 삶의 본질을 놓치지 않고 살아갈 수 있기 위해서는 성령님과 동행해야 합니다. 내 뜻이 아닌 하나님의 뜻, 내 타이밍이 아닌 하나님의 타이밍, 내 방법이 아닌 하나님의 방법으로 살아가야 합니다.

기도의 자리에 나아가 늘 묻고 또 물어야 합니다. 하소연하기 위한 절규함으로의 이유가 아니라 본질을 향한 아기와 같은 순수함으로 하나님의 뜻을 물어야 합니다. 본능이 아닌 본질을 향하기 위한 유일한 길입니다. 육이 아닌 영으로 살아가는, 옛사람을 벗고 새사람으로 살아가는, 내 뜻이 아닌 하나님의 뜻대로 살아가는 길입니다.

하나님의 뜻 안에서 사랑과 은혜, 기쁨과 평안이 가득 채워짐으로 세상의 만족을 구하지 않는, 주신 소망만을 품는 오늘 되시기를 예수 그리스도의 이름으로 기도드립니다.

"내가 아무 것도 스스로 할 수 없노라 듣는 대로 심판하노니 나는 나의 뜻대로 하려 하지 않고 나를 보내신 이의 뜻대로 하려 하므로 내 심판은 의로우니라" (요한복음 5:30)

마음

고등학교를 졸업하는 2명의 자녀들을 만났습니다. 길지 않은 시간이었지만 해주고 싶은 말이 너무나도 많아 절제하느라 힘겨울 정도였습니다. 2명의 아이들과 이야기하던 중 이런 생각을 하게 되었습니다. 이제 중학교에 입학하는 아들에게 갑자기 유언을 해야 한다면 어떤 말을 해줘야할까? 생각난 그 말을 2명의 아이들에게도 헤어지기 전 이야기해주었습니다.

첫째, 보는 것을 조심히 해라. 보는 것에 마음을 빼앗기게 되어 있기 때문이고 그 보는 것을 마음에 품게 되기 때문이다. 마음에 품은 것을 향해 인생의 방향이 결정되기 때문이다.

둘째, 듣는 것을 조심히 해라. 아무리 옳지 않은 말이라고 하더라도 계속 듣다보면 나도 모르게 내 마음에 담기게 된다. 내게 주신 하나님의 마음이 흔들리지 않기 위해서 때로는 곁에 있는 사람을 피할 수도 있어야 한다.

셋째, 말하는 것을 조심히 해라. 내 말에는 내 생각이 담겨 있고 그 생각은 내 마음에서 나온다. 그리고 말한 것이 내 인생이 된다.

너무나도 일상적인 말이지만 너무나도 중요한 말입니다. 보고 듣고 말하는 것이 우리 삶의 전부가 됩니다. 결론적으로 말하자면 마음을 빼앗기지 말라는 것입니다. 우리는 하나님을 향하게끔 창조되었습니다. 그렇기 때문에 세상 어떤 것으로도 마음을 채울 수 없습니다. 무엇을 해도 늘 부족함으로 헛헛하고 맛본 즐거움 또한 오래가지 못합니다. 그래서 무언가에 집착하게 되고 마음을 빼앗기게 됩니다.

우리 마음은 하나님의 사랑만을 담아놓는 그릇이 되어야 합니다. 하나님을 인정하고 주신 사랑을 가득 채울 때 우리 삶에서는 기쁨, 평안, 행복이라는 향기가 나도 모르게 퍼져나갈 것입니다. 내 마음에 무엇을 품고 있느냐에 따라 내 향기, 언어, 성품, 태도, 모습이 보여 집니다. 내 마음의 주인이 하나님으로 바뀌어야만 가능한 일입니다. 예수를 그리스도로 품어야만 가능한 일입니다. 성령님께 삶의 주도권을 드릴 수 있어야 하는 일입니다.

나는 어떻게 살아가고 있습니까? 내 자녀에게 무엇을 가르치고 있습니까? 마음의 주인부터 바뀌어야 합니다. 무엇을 구하는 기도가 아닌 예수님을 바라며 걸을 수 있기를 기도해야 합니다. 나를 통해 이루시는 하나님의 꿈을 꾸어야 합니다.

세상으로 가득 찬 마음이 예수님의 보혈로 씻겨 지고 그 마음에 그리스도만이, 그 사랑만이, 우리를 향한 하나님 아버지의 꿈인 비전으로 가득 채워지는 오늘 되시기를 예수 그리스도의 이름으로 기도드립니다.

"모든 지킬 만한 것 중에 더욱 네 마음을 지키라 생명의 근원이 이에서 남이니라" (잠언4:23)

189

4. 회복편

진실한 사랑으로

잘 사는 것에 관심 없는 사람은 없습니다. 하지만 옳은 길이어야 합니다. 돈을 많이 버는 것에 관심 없는 사람은 없습니다. 하지만 쓰고 나눌 만큼만 있으면 됩니다.

하나님은 오랜 세월 동안 충분히 먹고 건강히 살 수 있도록 모든 것을 허락하셨지만 더 갖고 싶다는 이유로 서로가 서로를 힘들게 하고 상처받고 주며 살아갑니다. 참으로 어리석은 일입니다. 호흡이 다하는 날 세상의 것을 짊어지고 갈 것이 아니라는 것을 알면서도 그 욕심에서 헤어나오지를 못합니다.

세상을 떠나는 날까지 버는 것에 혈안이 되어 사는 사람에게 성실하다고 말하지 않습니다. 악착같다고 말합니다. 쓸 것 안 쓰며 힘껏 번 돈으로 이웃에게 기부하는 사람에게 악착같다고 하지 않습니다. 대단하다고 말합니다.

우리는 무엇을 위해 어디를 향해 살아가야 하는지 생각해야 합니다. 목표를 정해놓고 작심삼일을 이야기하기 전 깊이 고민해봐야 합니다. 어리석고 미련한 삶을 살아가고 있는지 옳은 길을 걷고 있는지를 고민해야 합니다.

목회를 하면서 이단보다 무서운 것을 알게 되었습니다. 천국소망을 품지 못하게 하고 방향을 완전히 흩어버리고 가정을 깨는 이단보다 더 무서운 것이 있었습니다. '욕심'입니다.

이단은 마음만 먹으면 우리 눈으로 분별이 가능합니다. 그러나 욕심은 어렵습니다. 내 안에 있는 욕심을 합리화시키고 포장해놓기 때문입니다. 하나님을 향한 열심이라고 말하지만 조금만 들어가 보면 내 욕심을 채우고 있는 것입니다. 하나님을 믿는다고 하면서 십자가에 달린 예수님을 허수아비로 앞에 세워놓고 내 마음대로 살아가는 사람은 자신이 우상이 된 것입니다. 이미 이단에 깊이 빠져있는 사람과 다를 바 없습니다.

욕심보다 더 무서운 것을 얼마 전 발견했습니다. '미련함'입니다. 감춰져 있는 욕심을 찾아 설명해주고 말씀으로 선포해도 욕심을 인식하지 못합니다. 무엇이 먼저인지 나중인지조차 분간이 안 됩니다. '잘못되었다. 틀렸다.'라는 말을 아무리 해줘도 듣고 담겨짐이 없이 듣자마자 짜증을 내고 분노합니다. 자신은 그렇게 분별하지 못하는 존재가 아니라는 것입니다. 착각입니다. 기준은 우리가 정하는 것이 아니라 하나님의 말씀이기 때문입니다.

기준이 하나님의 말씀이 아닌 내 감정, 상태, 모습, 환경이 됨으로 분간하지 못하고 분별하지 못합니다. 자기연민과 자기비판으로 하나님의 말씀보다 한참을 앞서나가 있음을 모릅니다. 가르쳐줘도 정죄하는 것으로 받아드립니다.

모든 사람마다 재능과 소질을 다르게 주신 이유는 서로가 서로를 위하고 섬기고 사랑하게 하기 위함입니다. 함께 살지 않으며 살 수 없음을 알게 하신 것입니다. 배려하고 존중하며 화목하게 연합됨으로 살 수 있도록 만드신 것입니다. 그 뼈대를 잇고 아교 역할을 하는 것이 사랑입니다.

사랑 없는 조언은 판단과 비난이 됩니다. 사랑 없는 배려는 동정에 그칩니다. 사랑 없는 존중은 형식이 됩니다. 사랑 없는 가정은 자녀를 메마르게 합니다. 사랑 없는 교회는 단체일 뿐입니다. 진실한 사랑은 옳은 길을 가게 합니다. 욕심과 미련함이 범람하지 못하도록 힘을 주고 막아줍니다. 하나님이 주신 그 순수하고 깊고 진실한 사랑이 우리의 사랑으로 회복되기를 예수 그리스도의 이름으로 기도드립니다.

"내가 내게 있는 모든 것으로 구제하고 또 내 몸을 불사르게 내줄지라도 사랑이 없으면 내게 아무 유익이 없느니라" (고린도전서 13:3)

BIBLE
TALK

열등감 내려놓기

사람들과의 만남이 쌓여갈수록 참 신기하다는 생각이 듭니다. 지위 고하, 남녀노소를 막론하고 열등감을 갖고 살아가는 사람이 너무나도 많다는 사실 때문입니다.

열등감은 거절하지 못하는 착한 아이를 만들어낼 뿐 아니라 시기와 질투, 서로 간 따돌림과 괴롭힘을 만들어내기도 합니다. 열등감이 없는 척, 괜찮은 척, 아주 쿨한 척하며 살아가지만 열등감을 감추기 위해 때로는 명품을 들고 입으며 외적인 모습으로 커버하려는 경향을 갖게 하기도 합니다.

열등감, 패배감, 거절감, 상실감의 원인은 대체로 하나의 뿌리를 갖습니다. 자기 자신을 사랑하지 못하는 마음입니다. 내가 나를 어떻게 생각하는지 보다 다른 사람들이 생각하는 나에 초점이 맞춰집니다. 남들이 던지는 한 마디의 말에 흔들리고 무너지며 지나가는 사람의 말에 선뜻 중요한 결정을 해버립니다.

내가 나에 대해 생각하는 것은 더 심각합니다. 연약함, 나약함, 가난함, 부족함만으로 인식해서 늘 있는 척, 믿는 척, 아닌 척하며 살아가는 내용은 없고 모양만 있는 껍데기의 인생입니다. 하나님의 자녀라고 말하는 사람들도 예외 없습니다. 성경에 하나님이 우리를 얼마나 사랑하시고 어떻게 사랑하시며 왜 사랑하는지가 자세히 기록되어 있음에도 불구하고 이를 인정하지 않습니다.

믿는다고는 말하지만 인정하지는 않습니다. 천지를 창조하신 하나님, 나를 빚으시고 동행하시며 인도해주시는 하나님이라고는 고백하지만 지금 모습 그대로의 나를 사랑해주시는 하나님을 믿지 않는 것입니다. 우리 존재를 향해 사랑하는 기쁨을 이기지 못하며 어쩔 줄 몰라 하신다는데 정작 나는 나 스스로를 우습게 여기고 하나님보다 다른 사람의 시선을 더 의식하며 살고 있습니다.

하나님은 우리가 열등감을 갖는 것이 아니라 하나님 자녀로서의 정체성으로 살아가기를 원하십니다. 하나님이 우리를 귀하다고 여기시면 우리는 귀한 존재인 것입니다. 우리를 사랑하신다면 사랑받는 것입니다. 말씀하시고 또 하셔도 이를 믿지 않기 때문에 열등감에 빠져 살아가게 되는 것입니다.

믿음은 인정하는 것에서 시작됩니다. 나의 부족함, 연약함을 인정함으로 하나님을 향하게 되는 것 뿐 아니라 하나님이 그렇게 못난 나를 사랑하신다는 것, 그리고 그 부족함을 채워주시기를 원한다는 것을 인정하는 것입니다.

하나님의 사랑은 어제나 오늘이나 영원토록 변함없는 사랑입니다. 한결같고 변치 않는 신실하신 사랑입니다. 아기에게 눈을 맞추며 웃어주기를 기다리는 부모의 심정과 같은 마음입니다. 하나님을 바라며 인정함으로 열등감이 아닌 사랑받는 자녀로서의 회복된 삶을 살아가는 오늘 되시기를 예수 그리스도의 이름으로 기도드립니다.

> "너의 하나님 여호와가 너의 가운데에 계시니 그는 구원을 베푸실 전능자이시라 그가 너로 말미암아 기쁨을 이기지 못하시며 너를 잠잠히 사랑하시며 너로 말미암아 즐거이 부르며 기뻐하시리라 하리라" (스바냐 3:17)

런닝머신

런닝머신에서 빠른 걸음으로 걷든, 뜀뛰기를 하든 열심히 30~40분 운동을 하다가 내려오면 이상합니다. 가만히 서 있어도 자꾸 더 걸어야 할 것 같고 다리는 계속 걸으려고 합니다. 하지만 땅은 원래 있던 그대로입니다.

직장생활, 사업을 하며 가족을 먹여 살리기 위해 분주하게 달립니다. 그러다가 잠시 그 자리에서 내려오면 이상합니다. 실패자가 된 것 같고 내가 아무것도 아닌 것 같습니다. 원래 가만히 있는 땅인데 왠지 무너져 내리는 것 같습니다. 빨리 뛰어야 할 것 같고 더 걸어야 할 것 같이 느껴집니다.

너무나도 분주한 인생은 마치 런닝머신과도 같아서 벨트가 돌아가면 계속 걸어야 하는 굴레와 같습니다. 내려와야 다른 운동도 할 수 있고 멈춰서야 내가 얼마나 했고 또 다른 무엇을 해야 할지가 보이는데 멈춰서면 느낌이 이상하고 더 달려야만 할 것 같습니다. 몸도 마음도 같습니다.

사람들 모두가 계속 걷고 있고 나 또한 계속 걸으려고 하는데 멈춰서 있는 것 같으니 마치 나만 패잔병이 된 것 같고 실패한 것 같습니다. 그래서 멈춰볼 수 있어야 합니다. 분주함을 내려놓고 하나님 앞에 머물러야 기도할 수 있습니다. 하나님과 보다 더 친밀해질 수 있습니다. 내려오는 선택을 하지 않는다면 계속 걸어야 합니다. 그럼에도 인생의 한번쯤은 반드시 내려와야 할 날이 오게 됩니다.

가족을 위한다는 이유로 인생의 런닝머신에 올라 열심을 다해 뛰는 것처럼 보이지만 정작 가족이 나를 필요로 할 때조차 가족의 품이 아닌 벨트에 올라 있는 나를 발견합니다. 결국 가족을 위한 뜀이 아니라 자신의 출세를 위한 것입니다.

내려오면 많은 사람들이 얘기합니다.

'왜 그랬어? 그 좋은 길을 왜 멈춘거야? 아무에게나 주어지는 곳이 아닌데...'

우리의 인생은 명문대학을 가고 대기업에 취업해 잘 먹고 잘 사는 것이 아닙니다. 주어진 것에 최선을 다해야 하는 것은 맞지만 방향이 다릅니다. 하던 일을 멈추고 광야로 나와야 합니다. 어쩔 수 없이 광야로 들어서는 것이 아니라 내가 스스로 광야에 들어서야 합니다.

멈춰서 하나님 앞에 무릎 꿇어야 비로소 내 생각, 이상, 욕망이 다 비워지고 내려놓게 됩니다. 내가 누구인지, 왜 살며, 어디로 가는 존재인지가 보이기 시작합니다. 주변을 속이고 나까지 속는 착각하는 인생에서 벗어나 진짜 인생을 시작할 수 있습니다.

소유가 아닌 소망으로, 편안이 아닌 평안함으로, 정욕이 아닌 기쁨으로, 사람이 아닌 하나님께 인정받고 회복되는 오늘 되시기를 예수 그리스도의 이름으로 기도드립니다.

> "깊도다 하나님의 지혜와 지식의 풍성함이여, 그의 판단은 헤아리지 못할 것이며 그의 길은 찾지 못할 것이로다, 이는 만물이 주에게서 나오고 주로 말미암고 주에게로 돌아감이라 그에게 영광이 세세에 있을지어다 아멘" (로마서 11:33,36)

열심의 방향, 시선의 회복

교회에서 문제를 일으키는 사람, 분쟁을 만들어내는 사람들 대부분은 열심을 갖고 있는 사람인 경우가 많습니다. 열심히 봉사하는 사람, 열심히 이웃을 돌보는 사람, 열심히 교회를 섬기고 주의 종을 섬기는 사람이 그 주인공일 때가 많습니다. 열심은 좋지만 그 열심의 방향이 잘못되어 있을 때 문제가 생기기 때문입니다.

열심히 섬기고 봉사하며 이웃을 돌보면서 기쁨이 생기지만 그 기쁨이 하나님을 향한 것이 아니라 내 기쁨, 내 만족이 되는 경우입니다. 교회를 섬기고 주의 종을 섬기지만 하나님을 향한 것이 아니라 내가 인정받기를 원하는 경우입니다.

우리 교회에 헌금도 많이 했고 엘리베이터를 만들었고 교회 리모델링도 했기 때문에 할 만큼 했으니 목사님과 많은 사람들은 나를 인정해줘야 한다는 것입니다. 목사님이 많은 성도들 앞에서 자신을 언급해주기만을 기다립니다. 많은 사람들에게 인정받는 것이 목적이었기 때문입니다. 하나님 아버지의 집, 교회를 섬기는 것 자체만으로 만족이 없고 섭섭하고 시험에 들게 된다면 그렇습니다.

살펴야 할 중요한 것은 하나입니다. 내가 원하는 것, 모두가 원하는 것이 아닌 하나님이 원하는 것인지를 분별하는 것입니다. 사람이 아닌 하나님께 인정받는 것으로 충분함을 경험하고 있는지를 아는 것입니다. 대부분의 열심의 방향이 늘 나로부터 시작되고 종착점 또한 내가 되는 경우가 많습니다.

내가 보기에 선한 것, 도덕적인 것, 윤리적인 것이 기준이 되어서는 안 됩니다. 하나님의 뜻, 때, 말씀에 기준이 되는 것이 하나님이 원하시는 것입니다. '하나님이 좋아하시겠지!'가 아니라 하나님이 좋아하시는지를 분명하게 알아야 합니다.

성품이 좋아 많은 사람들에게 선을 베풀기만 한다면 그리스도인으로서 빛과 소금의 역할은 아닙니다. 그 성품을 통해 가장 큰 기쁨인 복된 소식, 소망을 전할 수 있어야 합니다. 경건의 모양으로 그쳐서는 안 되고 경건의 모양이 경건의 능력으로 이어져야 합니다. 나 혼자만의 선으로 그쳐서는 안 되고 함께함과 복음으로 연결되어져야 하는 것입니다.

내가 지금 무언가를 하고 있다면 그 이유가 무엇입니까? 어딘가로 향하고 있다면 왜 그곳으로 향하고 있습니까? 나를 위한 것입니까? 하나님을 향한 것입니까? 내 '열심'이 아닌 하나님이 원하시는 '열심'으로 회복하는 오늘 되시기를 예수 그리스도의 이름으로 기도드립니다.

"내가 증언하노니 그들이 하나님께 열심이 있으나 올바른 지식을 따른 것이 아니니라 하나님의 의를 모르고 자기 의를 세우려고 힘써 하나님의 의에 복종하지 아니하였느니라" (로마서 10:2-3)

말씀을 대하는 자세

설교말씀을 듣고 누군가가 했던 말을 아직도 잊을 수 없습니다. "이 설교는 우리 아들이 들었어야 했는데..." 아들 뿐 아니라 남편, 아내, 가족, 옆집 아줌마 등 수많은 대상이 들었어야 하는 설교였다는 말입니다. 늘 '나'는 아닙니다. 죄에 대해, 경건함에 대해, 십자가에 대해서 설교를 들어도 늘 자신은 괜찮다고 합니다. 자신은 열심히 신앙생활을 하고 있다는 것입니다.

마트에 갔을 때 누군가 '여보'라고 부릅니다. 많은 사람들이 놀라 쳐다봅니다. 누군가 부르는 '여보'가 나를 부르는 것 같이 느껴졌기 때문입니다. 마찬가지로 우리는 죄인을 부를 때 모두가 함께 쳐다보아야 합니다. 남보다 지은 죄가 작다고 여기거나 다른 사람이 지은 죄에 비하면 아무 것도 아니라는 식의 회피는 안 됩니다.

평가의 잣대가 나를 피해가서는 안 됩니다. 늘 나부터 시작되어야 합니다. 외출할 때 거울을 보는 것처럼 하나님을 향하는 나의 모습을 보아야 합니다. 엄밀하게 얘기하자면 나를 평가하는 것은 아닙니다. 깨어 점검하여 늘 하나님의 임재 안에 있기 위한 의지와 수고가 필요하다는 것입니다.

하나님의 존재 앞에 나 또한 존재함의 모습으로 나아가야 하는 것입니다. 베드로는 오랜 시간 수고했지만 물고기를 잡지 못했습니다. 그때 예수님이 다가와 깊은 곳에 가서 그물을 던지라고 하셨습니다. 순종하여 그물을 던졌을 때 많은 물고기를 잡을 수 있었습니다. 그 후, 베드로는 다음에 다시 오시기를 청하거나 물고기 잡는 비결을 묻지 않았습니다. 나 혼자 누리기 위해 다른 사람들이 예수님을 보지 못하도록 하지도 않았습니다.

"주여 나는 죄인입니다. 나를 떠나소서."라는 고백을 했습니다.

신앙은 내 기준으로 갖는 것이 아닙니다. 다른 사람을 평가하기 위한 것도, 나를 포장해 평가받기 위한 것은 더더욱 아닙니다. 하나님을 향하는 것입니다. 죄인임을 깨닫고 고백하며 새사람이 되기 위해 예수님을 따르는 것입니다. 성령님의 인도하심과 도우심으로 그 길을 걷는 것입니다.

설교는 누군가를 설득하는 것도 아니고 누군가에서 설득되어지는 것도 아닙니다. 하나님의 말씀, 그 진리 앞에 죄인으로 깨닫고 그 모습 그대로 나아가는 것입니다. 간절하게 진실하게 온전하게 하나님만을 향하는 것입니다. 겸손함으로 하나님의 음성을 듣고 따르므로 회복을 경험하는 오늘 되시기를 예수 그리스도의 이름으로 기도드립니다.

> "여호와께서 임하여 서서 전과 같이 사무엘아 사무엘아 부르시는지라 사무엘이 이르되 말씀하옵소서 주의 종이 듣겠나이다 하니"
> (사무엘상 3:10)

쉼에 대한 점검

나무꾼 이야기가 있습니다. 한 나무꾼은 쉼 없이 계속 일한 나무꾼이고 또 다른 나무꾼은 잠시 쉬었던 나무꾼입니다. 누가 더 많은 나무를 베었을까요? 쉬었던 나무꾼이 더 많은 나무를 베었다는 것이 정답입니다. 다들 쉼을 얻었기에 더 능률적으로 일했을 거라 말하지만 그렇지 않습니다. 쉬는 동안 도끼날을 갈았기 때문입니다.

쉼이라는 것은 무턱대고 쉬는 것이 아니라 한 걸음 더 내딛기 위한 쉼이 되어야 합니다. 쉼 자체에 의미가 있다기보다는 무엇을 위한 쉼인가가 더 중요한 것입니다. 나무꾼도 쉼 자체가 목적이 아니었고 그 쉼 가운데 도끼날을 가는 것을 통해 더 많은 나무를 효율적으로 벨 수 있는 준비를 했던 것입니다.

쉼은 결국 또 다른 발걸음을 위한 준비의 과정입니다. 쉼은 그저 피곤하다고 멈춰서 있는 것이 아니라 일보전진을 위한 잠시의 머무름입니다. 연휴 기간, 주말 동안 혹시 기도를 쉬지는 않으셨나요? 그리스도인에게 있어서 쉼이란 그냥 퍼져 있는 것이 아닙니다. 가쁜 숨을 고르기 위한 것도 아닙니다. 다음 걸음을 위한 준비가 되어야 합니다.

그렇게 하기 위해 반드시 해야 할 것은 그 쉼도 하나님의 은혜 안에서 해야 한다는 것입니다. 쉽게 말해 기도를 쉬어서는 안 된다는 것입니다.

쉼을 갖는다고 숨 쉬는 것도 힘드니 호흡을 잠시 멈춰야겠다고 말하는 사람은 없습니다. 기도 없는 쉼은 또 다른 나태와 게으름에 틈을 주게 됩니다. 기도는 호흡과도 같습니다. 쉬지 말고 기도하라는 것이 하나님의 뜻인 것처럼(살전 5:17) 하나님과의 관계가 끊어진 쉼은 또 다른 어려움을 가져옵니다.

기도는 목자 되신 하나님과 나를 잇는 끈과 같습니다. 쉼은 그 관계를 더 온전케 하는 것이 되어야 합니다. 쉼은 한 걸음 더 나가기 위한 분명한 이유가 있어야 하며 기도의 호흡이 멈춰져서는 안 됩니다.

몸이 지쳐 쉼을 갖는 시간에도 기도를 멈추지 않음으로 회복을 경험하는 오늘 되시기를 예수 그리스도의 이름으로 기도드립니다.

> "돌아오사 제자들이 자는 것을 보시고 베드로에게 말씀하시되 시몬아 자느냐 네가 한 시간도 깨어 있을 수 없더냐 시험에 들지 않게 깨어 있어 기도하라 마음에는 원이로되 육신이 약하도다 하시고"
> (마가복음 14:37-38)

실패에 대한 정의

"아빠, 제가 이렇게 그림을 못 그리는데 화가가 될 수 있을까요?" 그림을 그리던 딸아이가 묻습니다.

대답해줬습니다. "누구나 처음부터 잘하는 것은 없단다. 중요한건 그림 그리는 것을 좋아하는지, 그리고 그리는 것을 꾸준히 할 수 있는지가 중요한 거란다."

딸아이처럼 우리도 늘 걱정이 앞섭니다. 무언가를 하기 전에 일어나지도 않은 일들을 걱정하고 준비하려고 합니다. 준비하는 것 자체가 잘못된 것은 아닙니다.

하지만 우리가 품을 수 있는 생각의 양을 넘어서기 때문에 문제가 됩니다. 준비하며 대비하는 것이 아니라 일어나지도 않은 일에 대해 눌려버리기 때문입니다.

걱정이 점점 더 커져 두려움이 되는 것이 문제입니다. 준비가 아니라 두려움으로 일을 시작조차 하지 못하게 됩니다.

누구나 처음부터 잘하는 것은 없습니다. 좋아하는 마음, 잘하려는 마음, 꾸준히 하는 모습이 어우러져서 잘하게 되고 내 길이 되는 것입니다.

과거에 머무르는 것을 좋아하지 않습니다. 좋은 일보다 힘겹고 어렵고 슬펐던 일들이 내 삶에 다시 스며들기 때문입니다. 그럼에도 과거를 떠올리는 순간이 있습니다. 문제에 직면하게 될 때입니다.

지금껏 얼마나 어려운 일들을 겪으며 살아왔는데 이 정도 밖에 되지 않는 일에 내가 낙심할 수 없다며 힘을 냅니다. 지금껏 겪었던 일들보다 큰일이라고 하더라도 당시에는 죽을 것 같았지만 돌아보니 나와 함께 하셨던 하나님이 행하셨음을 보게 됨으로 든든해집니다.

청년들에게 늘 실패하라고 가르쳐온 말을 떠올려봅니다. "나이 들어 실패하는 것은 경솔하게 보일 수 있지만 젊었을 때의 실패는 용기다. 내 삶의 길을 찾는데 이리저리 기웃거리며 머뭇거리는 것이 아니라 선명하게 찾을 수 있는 훌륭한 길이 실패다. 길을 찾고 싶다면 과감히 실패해라."

지금 돌아보면 이 또한 나이와 관계없다는 것을 알 수 있습니다. 인생의 반을 살았지만 아직도 처음 겪어보는 일이 너무나도 많기 때문입니다.

시행착오를 아직도 겪고 있습니다. 처음부터 잘하는 것을 발견하는 사람이 그리 많지 않습니다. 해봐야 합니다. 아무리 계획을 세우더라도 막상 현실에서 나타나는 일들은 완전히 다른 경우가 훨씬 더 많습니다.

모든 일에 준비하는 노력과 수고를 해야 하지만 실제적으로 부딪쳐 나가며 대비해나가는 비율이 훨씬 커야 합니다. 그래야만 두려움이 아닌 용기로, 내 생각이 아닌 하나님의 뜻을 물으며 걸을 수 있게 됩니다.

마음이 무너져 내려 더 이상 할 수 없다는 두려움이 가득해지고 나와 함께 하신다는 확신보다 의심이 더 커질 때의 모습이 진짜 실패입니다. 내가 무언가를 하다 멈춰지고 넘어지고 다시 해야 하는 상황에 맞닥뜨리는 것은 실패가 아닙니다. 삶의 여정이며 도전이라고 말합니다.

용기보다 두려움이 가득하십니까? 나와 함께 하시는 하나님에 대한 확신이 없으십니까? 멈춰서 계십니까? 넘어지셨습니까? 공든 탑이 무너져 망연자실하고 있지는 않으십니까?

두려움은 하나님이 주시는 것이 아닙니다. 나와 늘 함께 하시는 하나님으로 인해, 그 사랑으로 살아가는 오늘 되시기를 예수 그리스도의 이름으로 기도드립니다.

> "내가 고통 중에 여호와께 부르짖었더니 여호와께서 응답하시고 나를 넓은 곳에 세우셨도다 여호와는 내 편이시라 내가 두려워하지 아니하리니 사람이 내게 어찌할까" (시편 118:5~6)

BIBLE
TALK

정직하심과 신실하심

바쁜 일만 있고 잘 풀리는 일도 없이 겨우 버티고 있었는데 별안간 또 다른 일이 생겼을 때 우리는 생각합니다. "도대체 내 인생은 매번 왜 이럴까? 왜 이정도 밖에 안 될까?"

예기치 않았던 도움이 오는 줄 알았는데, 이 고비만 넘기면 그래도 숨통이 조금이라도 트일 줄 알았는데 반대로 또 다른 일이 터질 때 내 한숨의 무게에 나 스스로가 눌리고 깔려버립니다. 한숨이 한탄으로 변하고 그 한탄은 쌓이고 쌓여 분노가 되어 누군가에게로 향하게 됩니다.

믿음생활을 열심히 해도, 교회에 열심히 출석하고 헌신해도, 하나님과 친밀하다고 생각하며 살아가더라도 어려운 일이 도미노처럼 벌어지는 인생일 때 마치 덫에 걸리듯 불평과 원망에서 빠져나갈 수 없게 됩니다. 한숨, 탄식, 한탄은 내 시선을 빼앗겼기 때문에 나오는 것입니다. 연속적으로 벌어지고 있는 인생의 무게에 눌리는 것은 내 인생을 내가 책임지고 있다는 자책에서 비롯되기 때문입니다.

이러한 여러 가지의 어려움 가운데 변하지 말아야 할 것은 하나입니다. 하나님이 주신 약속입니다. 무너질 수밖에 없는 상황 가운데서도 빼앗기지 말아야 할 것이 있습니다. 하나님을 향한 시선입니다. 어떤 상황 가운데서도 변치 않는 것이 있습니다. 신실하신 하나님입니다. 신실하다는 것은 주신 약속을 성취하시는 하나님의 모습입니다. 한 치의 오차도 없이 행하시는 정직하심과 끝까지 행하시는 성실하심입니다.

하나님이 나의 하나님이라면 우리는 믿어야 합니다. 하나님이 신실하게 행하실 것을 믿어야 합니다. 이 가운데 해야 할 일이 있습니다. 주신 약속을 품고 믿고 기도하며 바라보는 것입니다. 일이 그르쳐지는 것처럼 보여지더라도 엎치고 덮쳐 잘못되는 것처럼 보여져도 그건 현상이고 과정일 뿐 하나님이 행하시는 것에는 변함없음을 알아야 합니다.

믿는다면 우리는 한숨, 탄식, 한탄 대신에 더 튼튼한 믿음이 생길 것입니다. 인생의 무게에 힘겨워 자책하는 것이 아니라 그 짐을 하나님께 아뢰는데 시간을 쏟게 될 것입니다. 모든 일상, 현상, 생각의 중심에 하나님이 계셔야만 우리는 어떤 일에도 흔들리지 않을 수 있습니다. 약속을 품고 올바른 길로 향해 살아갈 수 있습니다.

상황, 상태, 조건, 환경, 아픔, 상처를 바라보기 이전에 우리에게 주신 약속을 신실하게 행하실 하나님을 먼저 바라보는 오늘 되시기를 예수 그리스도의 이름으로 기도드립니다.

"일을 행하시는 여호와, 그것을 만들며 성취하시는 여호와, 그의 이름을 여호와라 하는 이가 이와 같이 이르시도다 너는 내게 부르짖으라 내가 네게 응답하겠고 네가 알지 못하는 크고 은밀한 일을 네게 보이리라"(예레미야 33:2~3)

주도권, 중심의 이동

기도해도 응답을 받지 못하는 경우가 참 많습니다. 응답을 주셨음에도 인식하지 못할 때조차 많습니다. 이 땅을 살아가다보면 우리의 삶과 하나님의 말씀이 잘 매칭 되는 것 같지 않게 느껴질 때가 있습니다. 하나님이 세상을 몰라도 너무 모르신다고 여겨질 때조차 있습니다.

세상에 비해 하나님의 말씀이 너무 초라해 보이고 처세술과는 거리도 멀 뿐 아니라 손해 보며 살아가야 하는 일이 비일비재하기 때문입니다. 손해를 조금 보더라도 어떻게든 말씀을 따라 살아보려고 애써 보지만 내 눈에 보이고 손에 잡히는 열매가 없고 다른 이들과 비교되어지며 목구멍이 포도청이다 보니 금세 다시 삶의 주도권을 내가 쥐게 됩니다.

내 삶의 핸들을 믿음으로 예수님께 맡겨놓았지만 보조석에 앉아 가속페달이 있어야 할 빈구석을 밟아대고 얼굴을 잔뜩 찌푸리며 빨리 가지 않는 것에 조바심을 내는 모습과 같습니다. 결국은 정작 말씀대로 사는 것도 아니고 맡겨놓아도 맡긴 것이 아닌 신앙의 모양만 남아버린 삶이 되어 버립니다.

기도도 같습니다.

삶의 주도권, 중심이 하나님께 있는 것이 아니라 나 자신에게 있기 때문에 기도 또한 하나님의 뜻을 구하기는커녕 필요를 위한 내 생각, 요구로만 가득 채워지는 것입니다. 열심히 간절하게 기도하지만 기복적 신앙으로 점철되어지고 친밀해야 할 하나님과의 관계가 일월성신과 같은 우상으로 전락됩니다. 응답이 없습니다. 하나님이 응답해주셔도 인식할 수조차 없게 됩니다.

삶의 모습은 중요합니다. 말씀으로 인해 우리 삶의 모습이 변해 새롭게 되지만 우리 삶의 모습으로 인해 우리의 기도가 변할 수 있기 때문입니다. 하나님의 말씀이 내 삶의 길, 진리, 생명이 된다면 모습과 생각은 당연히 변하게 될 것이고 모양이 아닌 능력 있는 삶, 혼자가 아닌 동행하는 삶이 될 수 있습니다.

하지만 삶의 주도권, 중심을 하나님께 내어드리지 않는 이상, 삶의 핸들을 온전히 맡기지 않는 이상 우리의 기도는 '주시옵소서'의 수준을 벗어날 수 없고 친밀함을 경험할 수 없습니다. 주도권을 드린 기도는 새롭게 변화됩니다. '주시옵소서'가 아닌 '하나님의 뜻'을 묻습니다. 내 때와 방법이 아닌 하나님의 때와 방법을 따르고자 합니다. 생각이 정리되어지고 우선순위가 세워집니다.

이리저리 기웃거리며 휘청거리는 것이 아니라 분명하고 선명하고 명확한 인생을 살 수 있게 되는 것입니다. 원하는 기도가 전부됨에 멈춰져 있는 것이 아니라 늘 성령님과 동행하는 삶이 되는 것입니다. 주도권, 중심이 하나님께로 옮겨오는 오늘 되시기를 예수 그리스도의 이름으로 기도드립니다.

"나의 영혼이 잠잠히 하나님만 바람이여 나의 구원이 그에게서 나오는도다 오직 그만이 나의 반석이시요 나의 구원이시요 나의 요새이시니 내가 크게 흔들리지 아니하리로다" (시편 62:1-2)

지금 당장 선택하라

사랑하면 그 사람이 계속 보고 싶습니다. 심지어 함께 있어도 그리울 정도가 됩니다. 상대방의 마음과 기분을 살피고 그 상황에 맞춰 무언가 늘 주고만 싶습니다. 진실한 사랑은 움직이게 만듭니다.

하지만 두 사람을 놓고 어떤 사람과 연애해야 할지를 선택해야할 때에는 상황이 많이 달라집니다. 양쪽을 살펴야하기 때문에 소홀해지고 상대방을 살피는데 집중하지 못하며 움직임도 민첩할 수 없습니다. 그 뿐 아니라 무언가를 해줘야하거나 해야 할 때의 타이밍을 알 수도 잡을 수도 없게 됩니다.

한 사람을 향할 때는 거침없습니다. 마음도 생각도 기분도 늘 한 곳을 향하게 되기 때문에 상대방도 사랑받고 관심 받는 느낌을 가질 수밖에 없습니다. 부부의 사랑이 견고해도 자녀가 태어나 자라게 되면 그 사랑이 부부가 아닌 자녀에게로 쏠리게 되는 것과 같습니다. 소홀해지고 서로간의 마음을 살피기 어려워집니다.

우리의 신앙은 더 그렇습니다. 하나님과 세상을 저울에 올려놓고 끊임없이 비교하고 선택하다보니 늘 흔들릴 수밖에 없는 상황에 직면하게 됩니다. 하나님과의 친밀함은커녕 하나님도 모르고 세상도 잘 모르고 마음과 양심에는 죄책감과 자책감만을 쌓아두며 살아갑니다. 이도저도 아닌 삶을 신앙생활이라고 포장하며 살아가게 되는 것입니다.

세상에서 살아가기에 비교당하고 비교할 수밖에 없는 인생살이지만 그럼에도 우리의 선택은 분명해야 합니다. 이익이 아닌 진리를 따라야 하며 지금 당장의 삶이 아닌 내일을 살필 수 있어야 합니다. 고질적인 죄가 나를 어렵게 만들고 늘 넘어지던 곳에서 넘어지는 나의 신앙을 만나게 될 때마다 우리가 해야 할 일은 분석하고 비교하는 일이 아닙니다. 하나님이 전부가 되게 해야 합니다.

다른 자녀를 보며 내 자녀의 부족함을 한탄하는 것이 아니고 내 아내, 남편을 보고 다른 여자, 남자를 보며 부러워할 것도 아니며 내 수준을 보고 다른 사람을 보며 자존감이 깎여서도 안 됩니다. 지금 내 곁, 지금 나와 함께 있는 대상을 다시금 선택하고 진심으로 사랑하며 하나님이 주신 것에 감사하는 것이 우리가 해야 할 가장 중요한 일이 되어야 합니다.

이도저도 아닌 삶을 살아가는 것은 펼쳐진 상황을 이해하지 못하기 때문이 아니라 내가 선택하지 못했기 때문입니다. 하나님이 전부가 되고 하나님이 주신 것에 감사함을 선택하는 오늘 되시기를 예수 그리스도의 이름으로 기도드립니다.

"엘리야가 모든 백성에게 가까이 나아가 이르되 너희가 어느 때까지 두 사이에서 머뭇머뭇 하려느냐 여호와가 만일 하나님이면 그를 좇고 바알이 만일 하나님이면 그를 좇을찌니라 하니 백성이 한 말도 대답지 아니하는지라" (열왕기상 18장 21절)

돈 필요하십니까?

애굽 사람들에게 가축은 가장 소중한 것이었습니다. 먹고 살아갈 모든 것이 담겨 있었기 때문입니다. 장가를 갈 때 신부의 집에 가축을 보내야 하고, 가축으로 인해 나오는 소산물로 먹고 살아갈 수 있었습니다. 그래서 그들은 가축을 하나님처럼 여겼습니다. 자신들의 삶을 지켜줄 수 있는 것이기에 믿은 것입니다.

지금으로 말하자면 가축은 '돈'입니다. 돈이면 다 된다고 믿습니다. 돈이 권력을 줄 것이고 돈이 다른 사람 위에 군림하게 할 것이며 나를 인정해주고 지켜줄 거라고 굳게 믿습니다. 돈을 하나님처럼 여기며 믿는 것입니다.

애굽 사람들에게 가축은 가장 중요한 재산인 동시에 하나님과 같은 존재였습니다. 하지만 이스라엘 사람들에게는 그렇지 않았습니다. 가축은 삶을 살아가기 위해 필요한 것, 수단일 뿐입니다. 가축은 섬기는 대상이 아니라 하나님께 드릴 제물일 뿐입니다. 교회를 세우고 사람을 세우며 이웃을 사랑할 수 있는 도구일 뿐입니다.

물질만능주의 시대를 살아가는 우리가 반드시 기억해야할 것입니다. 같은 돈이지만 바라보는 시각이 완전히 다릅니다. 이것을 구별됨이라고 합니다. 구별됨을 성경은 '거룩'이라고 합니다. 돈은 수단이지 목적이 되어서는 안 됩니다. 돈은 필요한 것일 뿐 우리 삶의 전부가 되어서는 안 됩니다. 가장 소중한 것, 가장 좋아하는 것, 가장 가치 있는 것이 되어서는 안 됩니다.

그리스도인으로서 우리는 구별되는 삶을 살아가고 있는지 늘 점검해봐야 합니다. 하루, 일주일, 한 달, 일 년 중 내가 무엇을 위해 돈을 가장 많이 쓰고 있는가, 어떤 일을 위해 시간을 가장 많이 할애하고 있는가를 살펴본다면 내 삶의 가치가 드러나게 됩니다. 구별되며 살아가는 거룩한 백성인지, 돈을 믿고 섬기고 살아가는 사람인지가 극명하게 드러나게 되는 것입니다.

돈이 필요하지 않은 곳은 없습니다. 돈이 있어야 교회도 세우고 사람도 세우고 이웃도 섬길 수 있습니다. 하지만 수단이 목적을 앞서게 해서는 안됩니다. 차라리 없는 것이 낫습니다. 하나님이 언제든 내어주실 수 있기 때문입니다. 돈은 필요하고 사용할 것이지 섬기고 사랑할 대상이 아닙니다. 섬기고 사랑할 대상은 우리를 위해 이 땅에 오시고 죽기까지 사랑해주신 오직 예수 그리스도 한 분입니다.

자본주의 시대에서 그리스도인으로서 살아남을 수 있는 방법, 그 안에서 선도해갈 수 있는 방법은 거룩함입니다. 거룩함이 회복되는 오늘 되시기를 예수 그리스도의 이름으로 기도드립니다.

"우리가 세상에 아무 것도 가지고 온 것이 없으매 또한 아무 것도 가지고 가지 못하리니 우리가 먹을 것과 입을 것이 있은즉 족한 줄로 알 것이니라 부하려 하는 자들은 시험과 올무와 여러 가지 어리석고 해로운 욕심에 떨어지나니 곧 사람으로 파멸과 멸망에 빠지게 하는 것이라 돈을 사랑함이 일만 악의 뿌리가 되나니 이것을 탐내는 자들은 미혹을 받아 믿음에서 떠나 많은 근심으로써 자기를 찔렀도다" (디모데전서 6:7-10)

회피하지 말고 회개하라

시간이 임박해 방송 대본을 급히 쓰고 있는데 딸아이가 옆에서 수학문제를 풀면서 짜증을 냅니다.

처음에는 쉽다가 갑자기 어려워져서 풀기 싫다는 것입니다. 누가 이런 문제집을 만들었는지, 왜 나를 힘들게 하는지, 다른 문제집을 사달라는 불평의 목소리가 점점 더 커져갑니다.

그래서 말해줬습니다. "너는 모든 것을 다 잘하는 아이인데 단점이 하나 있다. 너무 쉽게 빨리 문제를 풀려고 하는 모습이다. 네가 하기 싫고 생각하기 어려울 때 그 때 머리가 좋아지는 거야."

한숨을 쉬면서 다시 연필을 집습니다. 그렇습니다. 운동할 때 근육이 커지는 것은 무거운 것을 들고 놓고 하는 것을 반복할 때 우리 근육이 끊어지고 또 그것이 붙어 회복됨을 통해 커지는 것입니다.

실력도 근육을 키우는 것도 같습니다. 우리의 삶도 그렇습니다. 신앙도 마찬가지의 과정을 겪습니다.

늘 같은 곳에서 늘 같은 문제로 넘어지는 나 스스로가 너무 부족해보이고 하나님 보기에 면목도 없어집니다. 하나님의 시선이 늘 감사했는데 이제는 부담스럽고 죄송스러워서 피하고만 싶어집니다.

그럴수록 연약함을 인정하고 하나님께 내려놓아야 함에도 우리는 우리 스스로의 뜻, 생각, 감정으로 이 과정을 겪어내려고 합니다. 기준이 되는 말씀과 하나님 모두 순간 사라져버립니다.

하나님은 다윗을 마음에 합한 사람이라고 말씀하십니다. 집안에서 허드렛일만을 했던 다윗, 할 줄 아는 것이라는 악기를 연주하고 하나님을 찬양하며 돌팔매질을 하는 것뿐이었던 다윗입니다. 나중에는 충직한 우리야를 최전방으로 보내 죽게 하고 그의 아내를 취한 강간범인 동시에 치졸하고 해서는 안 될 범죄를 저지른 것이 다윗입니다.

하지만 다윗은 죄를 지었을 때, 허물로 인해 어려운 상황이 발생했을 때, 자신의 연약함에 넘어진 곳에서 또 넘어질 때마다 무릎을 꿇고 하나님께 진실하게 기도했습니다.

사울왕이 자신을 죽이려고 쫓아다닐 때도, 사울왕을 없앨 수 있었던 그 순간에도, 자신이 범한 밧세바가 난산을 할 때도 기도했고 그 아기가 죽었을 때도 기도했으며 배다른 자녀가 간음한 사건, 아들에게 왕위를 빼앗겼을 때조차 다윗은 하나님만을 바라고 회개하며 감사하고 찬양했습니다.

베드로는 예수님 앞에서 세 번이나 부인했고 유대인들 앞에서 약한 모습을 보이다가 바울에게 혼이 났습니다. 훗날 바울이 되는 사울은 무자비하게 그리스도인들을 탄압하고 핍박하는 것을 사명으로 여겼습니다.

그럼에도 포기하거나 회피하지 않고 기도의 자리에 나와 철저하게 회개하고 놀랍게 쓰임 받은 참 제자이자 사도, 사명자가 되었습니다.

우리의 삶이 죄를 향하게 될 때, 저항하고 힘껏 싸웠음에도 넘어졌을 때 우리가 해야할 것은 낙심, 절망, 포기가 아닙니다. 하나님 앞에 진실하게 나아가는 것이 되어야 합니다. 죄를 깨닫게 하시고 도와주시는 성령님께 감사하며 아뢰어야 합니다. 사망의 음침한 골짜기를 거닐지라도 그곳에도 우리를 건져내시는 주님을 바라보며 회개함으로 나아가는 오늘 되시기를 예수 그리스도의 이름으로 기도드립니다.

"그러므로 내가 한 법을 깨달았노니 곧 선을 행하기 원하는 나에게 악이 함께 있는 것이로다 내 속사람으로는 하나님의 법을 즐거워하되 내 지체 속에서 한 다른 법이 내 마음의 법과 싸워 내 지체 속에 있는 죄의 법으로 나를 사로잡는 것을 보는도다 오호라 나는 곤고한 사람이로다 이 사망의 몸에서 누가 나를 건져내랴 우리 주 예수 그리스도로 말미암아 하나님께 감사하리로다 그런즉 내 자신이 마음으로는 하나님의 법을 육신으로는 죄의 법을 섬기노라." (롬7:21-25)

BIBLE
TALK

자기의 義

A.W. 토저는 십자가에 대해서 이렇게 정의했습니다. "십자가를 두고 우리가 취할 수 있는 것은 두 가지 밖에 없다. 하나는 피해 도망하는 것이고 다른 하나는 그 위에서 죽는 것이다."

십자가를 두고 우리의 삶 속에서 벌어지는 두 가지의 현상을 이보다 더 정확하게 정리할 수는 없을 것입니다.

죄에 대해서 얘기하면 자신과는 관계없다고 말합니다. 아무리 얘기해줘도 피해간다면 별다른 도리가 없습니다. 도망하는 사람을 위해 기도해주는 것이 최선일 뿐입니다. 안타까운 것은 자신이 하나님을 잘 믿고 있다는 사람에게 있습니다. 기도하며 깨어 있다고 생각하는 사람들에게 있습니다.

하나님과의 친밀한 교제도 있습니다. 예배 가운데 기쁨도 있고 삶 가운데 평안도 종종 있습니다. 어려운 일이 있어도 하나님을 의지하고 은혜를 경험하기도 했습니다. 이 정도만으로 살펴본다면 굉장히 신실한 그리스도인의 모습으로 보여 집니다. 하지만 조금만 더 깊이 살펴보면 얘기는 달라집니다.

문제와 어려움의 때마다 내 감정, 생각, 방법으로 선택한 것은 아닌지를 살펴봐야 합니다. 이성적으로 생각할 때 맞는 것이라고 하더라도 삶의 곳곳에 하나님이 개입하셨는지, 내어드렸는지를 살펴봐야 합니다. 하나님의 뜻, 때, 방법보다 앞서는 것이 바로 '자기의'이기 때문입니다. 십자가 신앙의 시작점은 자기부인에 있습니다. '자기의'를 십자가에 못 박는 것입니다. 맞고 틀리고는 내가 결정하는 것이 아닌 내어드리는 것에 있음을 인정하는 것입니다.

내 안에 성령님이 머무르는 것, 내 마음까지도 내어드리고 내어 맡기는 삶이 바로 자기 부인의 삶이고 자기의가 아닌 하나님의 의로 살 수 있는 길입니다. 어려움 가운데 무엇을 해야 할지, 어떻게 해야 할지가 먼저 생각되어서는 안 됩니다. 왜 이런 일이 나에게 일어났는지의 원망과 불평에서 멈춰져서도 안 됩니다. 내 생각에 머물러서는 안 된다는 것입니다.

나 자신의 연약함을 인정하고 십자가 앞에 나아와야 합니다. 무언가를 하는 것보다 내 존재가 하나님의 존재를 인정하는 것이 먼저가 되어야 하는 것입니다. 자기부인은 내 자유와 선택이 제한되는 것이 아닙니다. 하나님의 존재를 알고 내가 누구인지를 분명하게 알게 되는 일입니다. 하나님께 맡겨드림을 통해 확장되어지는 것입니다. 십자가를 피하는 것이 아닌 오직 십자가에서 죽는 것을 택할 때 비로소 예배가 예배되고 기도가 기도되는 하나님의 임재를 경험하게 되는 것입니다.

자녀에게 좋은 것으로 주지 않는 부모는 없습니다. 천지를 창조하신 것 뿐 아니라 우리를 눈동자처럼 돌보시고 인도하시는 하나님을 믿음으로 내 의를 회개하고 하나님의 의가 회복되는 오늘 되시기를 예수 그리스도의 이름으로 기도드립니다.

"예수께서 돌이키사 제자들을 보시며 베드로를 꾸짖어 이르시되 사탄아 내 뒤로 물러가라 네가 하나님의 일을 생각하지 아니하고 도리어 사람의 일을 생각하는도다 하시고 무리와 제자들을 불러 이르시되 누구든지 나를 따라오려거든 자기를 부인하고 자기 십자가를 지고 나를 따를 것이니라" (마가복음 8:33-34)

영혼의 쓰레기

아무리 깨끗한 집이라고 하더라도 쓰레기 없는 가정은 없습니다. 가정을 더 잘 관리하면 할수록 쓰레기는 더 많아질 것입니다. 이 땅에서 살아가며 죄를 짓지 않을 수는 없습니다. 어떻게 보면 죄 안에서 살아갈 수밖에 없는 것이 우리의 존재입니다. 죄가 없을 수 없습니다.

하지만 죄를 당연시 여겨서는 안 됩니다. 주님께 들고 나와야 합니다. 쓰레기가 찰 때마다 봉투에 담아 집 밖으로 버리듯 우리의 죄 또한 그런 과정을 거쳐야만 합니다.

했던 회개를 또 하더라도 그 연약함에 대한 갈급함을 가지고 또 다시 회개의 자리로 나와야 합니다. 이런 태도가 없다면 죄를 죄로 인정하지 못하고 있다는 뜻이 됩니다. 죄와 친숙한 것입니다.

담아 놓으면 놓을수록 쓰레기는 부패해갈 것입니다. 부패함이 더해져 각종 해충과 악취가 가정과 내 삶, 더 나아가 내 영혼을 뒤덮을 것입니다. 해결하지 못함으로 부패해 가는 죄를 피하고 덮어두기 위해 일에 심취하고 알콜에 의지하고 게임과 같은 각종 순간적인 즐거움을 주는 것을 찾고 의존하는 인생에서 벗어날 수 없게 됩니다.

같은 죄를 반복하는 안타까움이 있더라도 계속 회개의 자리를 사모하며 나와야 하는 이유입니다. 없는 척하며 없다고 여긴다고 우리 영혼의 쓰레기인 죄가 없어지는 것은 아닙니다.

나를 대신해 나의 죗값을 치러 주시기 위해 십자가에 오르신 그 사랑

을 마음 깊이 간직하며 회개하며 회복됨을 경험하는 오늘 되시기를
예수 그리스도의 이름으로 기도드립니다.

"허물의 사함을 얻고 그 죄의 가리움을 받은 자는 복이 있도다 마음에
간사가 없고 여호와께 정죄를 당치 않은 자는 복이 있도다 내가 토설치
아니할 때에 종일 신음하므로 내 뼈가 쇠하였도다" (시편 32편 1~3절)

예배됨

야구공의 가격은 비슷하지만 기록이 담긴 공의 가격은 가치를 매길 수 없을 정도로 귀합니다. 두고두고 기록되는 역사가 되기 때문이며 또 다른 역사를 만들어낼 수 있는 기준이 되기 때문입니다.

우리의 인생도 사는 모습이 비슷하게 보이지만 담겨 있는 사연은 다릅니다. 없었으면 좋겠다는 일도, 계속 머물고 싶을 정도로 좋은 것 모두가 하나의 인생 스토리를 엮어 가치를 더하게 됩니다.

결국 가치 없는 인생은 없습니다. 가치가 하루아침에 만들어지는 것도 아닙니다. 내가 살아온 어제, 그리고 오늘, 살아갈 내일이 모여져야 합니다. 빗물이 개천을 이루고 개천이 줄기를 더해 강을 이루는 것과 같은 과정입니다. 과정 없는 결과는 가치를 갖기 어렵습니다.

하나님께 예배를 드릴 때 모두가 교회에 모여 경건한 마음으로 정숙한 태도로 예배를 드리지만 그 예배를 드리기 위한 과정은 모두가 다릅니다. 실제적인 예배는 교회에서 시작되는 것이 아니라 예배를 드리기 위해 준비되는 모든 삶의 과정에서부터 시작되는 것입니다.

토요일 늦게까지 놀러 다니고 게임을 하고 내가 즐기고 싶은 것을 다 한다면 그 다음 날의 예배는 예배되기 어렵습니다. 자녀 때문에 화가 나고 남편, 아내 때문에 열 받는다고 토요일 저녁이나 주일 아침에 싸운다면 온전히 예배를 드리는 것은 불가능합니다.

모든 삶의 여정, 스토리가 엮여 과정이 되고 나의 모습이 되며 내 가치,

역사가 만들어지는 것입니다. 준비하는 모든 과정이 예배가 되는 것입니다. 그 모습 그대로 하나님 앞에 서는 것입니다.

주일 예배를 온전히 드리기 위해서는 삶의 예배가 바로 서야 합니다. 좋은 기록을 내기 위해서는 삶의 루틴을 잘 지켜내야 하는 것과 같습니다. 과정은 결과와 직결됩니다. 삶의 태도는 삶의 모습과 연결됩니다. 회개는 회복을 가져옵니다. 준비하는 온전한 삶이 예배 되어지는 것입니다.

지루하고 거칠고 아프더라도 소망을 하나님께 두는 여정 가운데 삶이 예배되는 가치 있는 삶을 살아내시기를 예수 그리스도의 이름으로 기도드립니다.

> "그러므로 형제들아 내가 하나님의 모든 자비하심으로 너희를 권하노니 너희 몸을 하나님이 기뻐하시는 거룩한 산 제물로 드리라 이는 너희가 드릴 영적 예배니라" (로마서 12:1)

자아의 껍데기

아들이 장염으로 일주일 동안 고생했습니다. 잘 먹지도 못하고 힘도 없고 화장실은 계속 다녀와야 해서 완전히 탈진상태가 되었습니다. 하루 내내 굶고 다음 날 죽을 끓여줬는데도 죽은 먹지 않겠다고 합니다. 죽을 먹어봐야 맛도 없고 힘을 쓸 수도 없을 거라고 단정합니다.

그래서 이렇게 얘기했습니다. "병원에는 왜 갔니? 의사선생님이 굶으라고 하지 않고 죽을 먹으라고 하셨잖아. 그럼 그렇게 해야지." 이 이야기를 하는 순간 믿음 생활에 대한 것이 떠올랐습니다.

하나님이 우리에게 말씀하시는 건 분명한 이유가 있을텐데 우리가 판단해서 옳다고 생각하는 것만을 취하고 있지는 않은가?

그렇다면 교회는 왜 나가고 하나님은 왜 믿는 걸까? 아들을 보며 안타까워하듯 하나님 또한 우리를 보며 크게 안타까워 하실 것을 생각하니 마음이 무거워졌습니다.

내 자아의 껍데기는 상상을 초월하게 단단합니다.

그 단단함보다 더 깨기 어려운 것이 있습니다. 단단한 줄도 모르고 있는 우리의 마음입니다. 하나님이 우리를 사랑하신다고 말씀하시지만 내가 느껴지지 않으면 그 사랑은 존재하지 않는 것이 됩니다.

예수님이 이 땅에 오셔서 우리 죄를 위해 대신 피 흘려 죽어주셨지만 감사만 있고 내 십자가는 돌아보지 않습니다.

성경은 죄에 대해서 끊임없이 이야기하고 있지만 죄에서 멀어지는 동시에 멀어지지 않는 다른 사람을 향해 손가락질 합니다. 정죄합니다. 죄의 본질을 알고 하나님을 알고 죄와 멀어지는 것이 아니라 자신 또한 죄에 이끌리고 싶지만 억지로, 의지적으로 죄를 멀리하는 것이기 때문에 그렇습니다. 나는 멀어졌는데 다른 사람은 죄 가운데 있는 것이 억울한 것입니다.

설교말씀을 들으며 귀에 거슬리기 시작합니다. 이 정도면 잘 살아오고 있다고 나름 생각하며 신앙생활 하고 있었는데 그 이상의 기준을 주는 것처럼 느껴집니다. 예배도 빠질 궁리만 하게 됩니다.

의사가 환자를 진단하고 생활습관과 먹거리에 대해 주의사항을 전해주는 것에는 이유가 있듯 하나님이 우리에게 주시는 말씀에는 다 이유가 있습니다. 내 마음대로 하려면 의사를 만날 필요가 없고 하나님의 말씀을 들을 하등의 이유가 없는 것입니다. 제멋대로 운전하는데 신호등, 차선이 무슨 필요가 있겠습니까?

성경말씀이 우리 삶의 기준이 될 수 있는 이유는 변함없기 때문입니다. 이리저리 흔들리며 하루에도 몇 번씩 마음이 바뀌는 우리에게 정확하게 분별할 수 있는 기준이 되어주기 때문입니다.

무엇이 옳은지도 잘 분별하지 못하는 단단한 자아의 껍데기를 깨기 위해서는 마음의 기경함이 있어야 합니다. 회개가 있어야 합니다. 매번 반복하는 죄라도 끝까지 회개의 자리를 떠나지 말아야 합니다.

변함없는 진리의 말씀을 기경된 마음에 심고 새겨 삶에 온전한 꽃이 피고 열매를 거둘 수 있는 모습이 되어야 합니다. 이것이 바로 성화의 삶입니다. 변화되는 길이며 구원의 여정입니다. 예수님을 따르며 그 분을 닮는 삶입니다. 판단과 생각을 하나님께 맡기고 주신 진단의 말씀을 믿고 따르는 오늘 되시기를 예수 그리스도의 이름으로 기도드립니다.

"그들이 그리로 가서 그 가운데의 모든 미운 물건과 모든 가증한 것을 제거하여 버릴지라 내가 그들에게 한 마음을 주고 그 속에 새 영을 주며 그 몸에서 돌 같은 마음을 제거하고 살처럼 부드러운 마음을 주어 내 율례를 따르며 내 규례를 지켜 행하게 하리니 그들은 내 백성이 되고 나는 그들의 하나님이 되리라 그러나 미운 것과 가증한 것을 마음으로 따르는 자는 내가 그 행위대로 그 머리에 갚으리라 나 주 여호와의 말이니라"(에스겔 11:18-21)

BIBLE
TALK

가장 중요한 타이밍

하나님은 이스라엘 백성을 출애굽 시키실 때, 노예에서 하나님의 자녀로 이끄실 때, 죄에서 자유함으로 옮기실 때 10가지 재앙을 통해 일하셨습니다. 이방인 애굽 사람까지도 하나님을 알고 돌이킬 수 있는 기회를 주기 위함이었고 하나님이 어떤 분인지를 이스라엘 민족에게 알려주시기 위함이었습니다.

영혼을 향한, 우리를 향한 하나님의 사랑입니다. 십자가에서 예수님이 죽어주심으로 단 번에 우리를 구원해주셨던 것처럼 한 번에 구원하실 수 있는 일을 10번에 걸쳐 하셨던 이유입니다. 하나님은 우리를 사랑하시는 만큼 오래 참으시고 기다려주십니다.

그럼에도 불구하고 하나님의 자녀임을 깨닫지 못하고 그 사랑을 인지하지 못하며 자신의 죄를 자각하지 못한다면 지금 내가 경험하고 있는 어려움의 환경은 해결되는 것이 아니라 옷만 바꿔 입고 계속 매번, 똑같이 내 앞에 나타나게 됩니다.

지금의 상황이 내게 도움이 되는 일인지, 서로에게 도움이 되는 일인지, 손해를 보게 되는 것인지를 생각할 것이 아니라 무게중심을 하나님께로 옮겨와야 할 타이밍, 합리적이고 이성적인 판단이 아닌 이 모든 일을 주관하시고 인도하실 수 있는 하나님께 나아와 하나님을 인정하고 고백하고 찬양하는 일을 해야 할 타이밍인 것입니다.

철없는 자녀가 철이 들기를 간절히 바라는 부모의 마음처럼 하나님은 자녀 된 우리가 거듭남을 통해 이 땅에서의 삶의 이유와 목적을 알고 기쁨으로 살아가기를 원하십니다. 그럼에도 이렇게 얘기하는 사람들이 꽤 많습니다. "죄를 많이 지어 면목이 없어서 하나님께 갈 수 없습니다. 조금 더 시간이 지나면 교회에 나가겠습니다. 지금은 기도할 엄두도 나지 않습니다. 뵐 낯이 없습니다." 자녀에게 아무리 이야기해줘도 잘 듣지 않습니다. 잔소리라고만 생각합니다. 결국 스스로 깨닫고 회개하고 돌이켜 돌아와야만 실제적인 변화와 회복이 있는 것입니다.

우리를 가장 사랑하시며 어제도 오늘도 기다리고 계시다는 것을 안다면 할 수 없는 말입니다. 그냥 지금 당장 하나님을 인정하고 내 마음을 고백하고 돌아오면 되는 일입니다. 탄식을 기도의 자리로 가지고 나오면 되는 일입니다.

오래참고 기다려주심 가운데 주시는 수많은 돌이킴의 타이밍을 놓치지 말고 하나님께로 돌아오는 오늘 되시기를 예수 그리스도의 이름으로 기도드립니다.

> "그러므로 너는 그들에게 말하기를 만군의 여호와께서 이처럼 이르시되 너희는 내게로 돌아오라 만군의 여호와의 말이니라 그리하면 내가 너희에게로 돌아가리라 만군의 여호와의 말이니라" (스가랴 1:3)

사랑의 방향

에베소 교회는 사랑도 많았고 영적으로도 충만한 교회였습니다. 모범이 되는 교회였습니다. 그럼에도 책망 받는 교회가 되었습니다. 교회의 존재목적은 영혼을 사랑함에 있어야 합니다. 그 사랑의 중심에는 복음이 있어야 합니다. 하나님이 세상을 사랑하셔서 독생자를 이 땅에 보내 주심으로 우리 죄의 대가를 대신 치러주신 것이 바로 우리를 향한 사랑의 확증이며 복음 그 자체이기 때문입니다(롬5:8).

결국 복음을 전하지 않는 교회는 교회가 아닙니다. 아무리 도움 되는 프로그램이 많고 아름답게 교회를 지어났더라도 복음이 없다면 속 빈 강정에 불과한 것입니다. 복음이 우선순위에서 밀렸다는 것은 우리에게 주신 처음 사랑을 잃은 것입니다. 처음 사랑을 잃었다는 것은 사랑의 방향을 잃었다는 것이고 결국 부지런히 인내하며 달린 모든 수고가 헛될 수 있다는 것입니다.

복음이 제대로 선포되지 못하고 영혼 사랑이 아닌 보이는 사랑만이 남겨진 곳이라면 이미 교회로서의 모습을 잃은 교회인 것입니다. 처음 사랑을 잃은 교회입니다. 하나님의 칭찬을 받았지만 처음 사랑을 잃은 책망 받은 에베소 교회의 모습입니다.

이런 에베소 교회의 모습과 매우 흡사한 교회들이 많습니다. 전통이 있고 한국교회에 도움을 주었으며 지금도 많은 사람들에게 소망을 주는 교회 중에도 에베소 교회와 같은 곳이 많음을 보게 됩니다.

영혼을 사랑하는 마음 없이, 하나님이 주시는 그 사랑의 경험 없이는 믿음과 소망도 방향을 잃고 헛것이 될 수 있다는 것을 기억해야 합니다. 부흥은 열매만 많아지는 것이 아니라 영혼이 하나님의 사랑으로 가득 채워지는 것을 말하는 것입니다.

성도를 심방하고 반겨주고 안부를 묻는 그 행위가 아니라 그 성도를 위해 무릎 꿇고 중보하며 그 성도와 자녀를 위해 함께 영적 전쟁에 참여하는 영적인 사랑, 영혼을 향한 사랑임을 알아야 합니다. 사랑의 방향은 영혼에게 있어야 하며 하나님이 우리를 사랑하신 그 사랑하심에 있어야 하는 것입니다. 복음 안에서 하나님의 사랑을 구하며 그 사랑이 충만함으로 채워져야 합니다.

사랑의 모양에 속지 말고 사랑의 능력을 바라보아야 합니다. 그것이 바로 우리에게 선포되는 복음(케리그마)이며 우리에게 주신 사랑입니다. 에베소 교회는 셀 수 없는 은혜를 경험했지만 그 사랑이 방향을 잃고 식어버렸습니다. 이전의 신앙이 아닌 내가 지금 그 사랑을 경험하고 그 사랑으로 살아가고 있는지가 중요한 이유입니다.

세상에 속한 사랑이 아닌 하나님이 주신 사랑을 맛보아 나누며 그 처음 사랑이 회복되는 오늘 되시기를 예수 그리스도의 이름으로 기도드립니다.

"내가 네 행위와 수고와 네 인내를 알고 또 악한 자들을 용납하지 아니한 것과 자칭 사도라 하되 아닌 자들을 시험하여 그의 거짓된 것을 네가 드러낸 것과 또 네가 참고 내 이름을 위하여 견디고 게으르지 아니한 것을 아노라 그러나 너를 책망할 것이 있나니 너의 처음 사랑을 버렸느니라" (요한계시록 2:2-4)

생명의 향기

딸아이는 바다 갯벌에 갔다가 잡은 조개와 게를 놓아주지 않고 끝내는 집으로 가져왔습니다.

결국 밤새 썩어버려 역한 냄새로 딸아이는 헛구역질까지 합니다. 생명이 무엇인지에 대해 얘기해주고 밖으로 나와 땅을 파고 묻어버렸습니다. 딸아이가 묻습니다. "왜 이렇게 토할 것 같은 냄새가 나는 거에요? 견딜 수가 없어요. 이런 냄새는 처음이에요."

답해줬습니다. "살아있을 때는 모르지만 생명을 잃게 되면 다 썩어 세상에도 없는 이런 냄새를 풍기는 거란다." 딸아이가 놀라운 이야기를 합니다. "아빠도 죽으면 저런 냄새가 나요?!"

조금 놀랐지만 하나님이 사람을 흙으로 만드셨기 때문에 우리 몸은 땅에 묻히고 흙으로 돌아가고 우리 영혼은 하나님에게로 가는 것을 다시 설명했습니다. 그리고 분명히 말했습니다. "아빠도 죽으면 저런 냄새가 날 거야. 누구나 마찬가지고..." 이 얘기를 하는 순간 떠오른 것이 있습니다.

살아있기는 하지만 무언가에 매여 생명을 잃고 사는 사람, 자기 자신에게 속고 상대방에게 속고 사단에게 속아 이리저리 휘둘리며 살아가는 사람, 감정에만 매여 있는 사람, 살아있어야 하는데 영혼은 죽은 체 어디서 와서 왜 살며 어디로 가는지 모르는 사람의 영혼이 죽어 완전히 썩어버려서 이들의 삶 속에 나는 냄새, 영혼에서 나는 악취는 얼마나 심할까?

어떤 사람은 분노, 어떤 사람은 쾌락, 어떤 사람은 소유, 또 어떤 사람은 익숙함에서 오는 편안함이 삶을 이끌어가는 힘이 됩니다. 무엇이 자신을 속박하고 영혼의 생명을 빼앗아 가는 줄도 모른 체, 자신에게서 나는 악취를 맡으며 옆 사람에게서 나는 것처럼 여겨 눈을 흘기고 그들을 피해 불평하며 다른 곳으로 향합니다.

살아있다면 얘기는 완전히 달라집니다. 살아있을 때는 갯벌 냄새와 시원한 바다냄새가 가득했었습니다. 살아있는 사람에게는 생기와 향기가 있습니다. 잠들어 있던 우리 영혼이 깨어나는 순간 지식, 감정, 이성, 경험으로 판단하지 않고 모든 것을 생명의 관점으로 바라보게 됩니다. 생명의 냄새를 맡을 수 있게 됩니다.

하나님의 백성이며 자녀라는 것, 하나님이 나의 주권자 되시고 창조자 되신다는 것을 머리가 아닌 마음으로 깨닫게 된다면 썩어 없어질 것이 아닌 영원한 것을 바라보게 됩니다. 이 땅에 속한 것을 바라보는 것이 아니라 생명을 바라보게 됩니다. 내가 품고 있는 것은 생명입니까? 세상의 것입니까?

그리스도에게 속하여 살아갑니까? 세상의 것에 매여 살아갑니까?
내 생각이 아닌 하나님의 생각, 내 때가 아닌 하나님의 때, 내 방법이 아닌 하나님의 방법을 사모하고 그 걸음을 따라 걷는, 생명으로 향하는 오늘 되시기를 예수 그리스도의 이름으로 기도드립니다.

"우리는 구원 받는 자들에게나 망하는 자들에게나 하나님 앞에서 그리스도의 향기니 이 사람에게는 사망으로부터 사망에 이르는 냄새요 저 사람에게는 생명으로부터 생명에 이르는 냄새라 누가 이 일을 감당하리요" (고린도후서 2:15-16)

삼시세끼의 위력

다시 하루가 시작됩니다. 힘들고 아프고 어려워도 다시 일어나 그 길을 묵묵히 살아갈 수 있는 것은 먹고 사는 일 때문입니다. 자녀들에게 공부를 시키고 소위 말하는 좋은 대학을 보내려는 것은 좋은 직장을 얻기 위함이고 좋은 직장을 얻게 하는 이유는 결국 좀 더 잘 먹고 잘 사는 일 때문입니다.

이처럼 삼시세끼의 위력은 엄청납니다. 하나님께 충성하고 봉사하고 나누며 살다가도 먹고 살아가는 것과 하나님의 말씀이 부딪힐 때 여지없이 무너지는 모습을 많이 봤습니다. 심지어 하나님의 말씀과 응답까지도 왜곡시켜 믿는 일까지 벌어집니다.

이스라엘 백성도 출애굽 할 때 10가지 재앙을 경험하고 홍해를 열어 구원시켜주심에 예배하고 찬양했지만 며칠 되지 않아 불평하고 원망했습니다. 위대하신 하나님이라고 고백했지만 목마르고 배고플 때는 여지없이 원망했습니다.

이스라엘 백성들이 하나님을 믿지 않은 것도 아니고 예배를 드리지 않은 것도 아닙니다. 지금으로 따져보면 교회를 나가지 않은 것도 아니고 예배를 드리지 않는 것도 아닙니다. 먹고 살아가는 문제로 인해 원망한 것입니다.

예수님은 하나님과 재물을 겸하여 섬길 수 없다고 하셨습니다. 돈을 많이 벌고 나서 예배에 출석한다는 사람, 먹고 사는 것부터 해결하고 예배드리겠다는 사람은 결국 하나님이 아닌 먹고 살아가는 것에 마음을 뺏긴 삶입니다.

먹고 살아가는 것을 책임져주시는 분은 하나님입니다. 따라서 먹고 살아가는 것이 우리 삶의 목적이 아니라 하나님의 말씀에 순종하며 동행하는 삶이 우리 삶의 본질이 되어야 하는 것입니다. 그 본질을 알려주시기 위해 이스라엘 백성은 40년을 광야에서 보내야만 했습니다. 하나님이 움직이실 때 움직이고 멈추실 때 멈추는 일, 만나와 메추라기를 내려주셔서 일용할 양식을 거두고 다시 하나님만을 바라봐야 하는 일입니다.

직장에 다니고 자녀에게 공부시키는 이유, 장사를 하고 사업체를 운영하는 이유, 살아가는 방법을 선택한 기준은 어디에 있습니까? 거의 대부분의 경우 이익이 되는지, 손해가 되는지를 보고 따졌을 것입니다. 주관하시는 하나님이 아닌 먹고 살아가는 것을 가장 중요한 문제로 여겼기 때문입니다.

사람은 떡으로만 사는 것이 아니라 하나님의 말씀으로 살아가야 하는 존재라는 것을 분명하게 말씀하고 있습니다. 하나님의 뜻이 아니면 하늘에 나는 새, 단 한 마리도 그냥 떨어지는 일이 없습니다. 나는 새도, 들풀도 하나님이 입히시고 먹이십니다. 하나님은 자녀를 고아처럼 내버려두지 않으십니다.

먹고 사는 것은 하나님보다 중요한 일이 아니라 하나님이 먹고 사는 것을 주관하심을 기억하는 오늘 되시기를 예수 그리스도의 이름으로 기도드립니다.

"너를 낮추시며 너를 주리게 하시며 또 너도 알지 못하며 네 조상들도 알지 못하던 만나를 네게 먹이신 것은 사람이 떡으로만 사는 것이 아니요 여호와의 입에서 나오는 모든 말씀으로 사는 줄을 네가 알게 하려 하심이니라" (신명기 8:3)

미혹된다는 것

성경에서는 유독 미혹(迷惑)이라는 단어가 자주 등장합니다. 미혹당하는 사람이 많을 뿐 아니라 미혹의 열매는 배교 즉, 하나님을 버리고 대적하고 떠나는 열매로 나타나기 때문입니다.

하지만 미혹을 당하려고 마음먹는 사람은 없습니다. 미혹 당하기 위해 준비하는 사람도 없습니다. 오히려 미혹당하지 않으려고 힘씁니다.

사전을 찾아보면 미혹을 이렇게 정의합니다.
"마음이 흐려지도록 무엇에 홀림"

미혹 당하는 사람을 살펴보면 왜 미혹 당하는지를 쉽게 알 수 있습니다. 진리를 진리로 여기지 못하는 사람입니다. 하나님을 믿기는 하지만 전부라고 믿지 않는 사람입니다. 하나님의 말씀을 진리라고 믿지만 그 진리대로 살지 않는 사람입니다. 진리라고 믿으면서 행동은 진리가 아닌 것처럼 여기는 사람이 결국 미혹되는 것입니다.

결혼을 예로 들어보겠습니다. 결혼을 하고 나면 남편에게는 세상에 여자는 단 한 명이 되어야 합니다. 아내에게도 세상에 남자는 단 한 명이 되어야만 합니다. 그렇게 인정하고 선포하고 약속하는 것이 결혼식입니다.

그런데 결혼을 하고 나서 남편이 집에서는 가정 일을 함께 해나가고 자녀 양육도 함께 힘쓰고 아내만을 사랑하는 좋은 사람인데 집밖에서는 다른 여자도 사귀고 자기 마음대로 생활을 한다면 어떨까요? 아내도 마찬가지입니다. 왜 그러냐고 물을 때 이렇게 대답합니다. "나는 당신만을 사랑하고 당신 밖에 없다. 마음만큼은 변하지 않았다." 이 말을 믿어줄 사람이 있을까요? 본인만 모릅니다.

예수를 그리스도로 영접하고 믿기로 결단한 것은 결혼에 비유할 수 있습니다. 그런데 성도가 되고 나서 교회에서는 봉사도 하고 예배에도 잘 참석하지만 교회 밖에서는 자기 마음대로 생활을 합니다. 그래서 물으면 이렇게 대답합니다. "나는 하나님만이 유일한 신이라고 믿고 주신 성경말씀을 진리라고 믿는다." 이 말이 과연 맞는 말인가요? 본인만 착각하고 있습니다.

이것이 바로 미혹된 사람의 모습입니다. 자신만의 방식과 방법, 자신만의 생각이 옳다고 여기는 것입니다. 혹시 미혹된 사람이 내가 아닌지 생각해 보아야 합니다.

하나님의 말씀이 진리이기 때문에 그 말씀이 내 삶의 기준이 되는 것이 아니라 내가 원래 살았던 기존의 생각에 하나님의 말씀을 끼워 넣는 것을 신앙이라고 쉽게 착각합니다.

교회 안과 밖에서의 삶이 다릅니다. 집안에서와 집밖에서의 생활모습이 다릅니다. 완전히 다른 두 사람입니다. 이런 사람은 스스로 최선을 다하고 있다고 생각합니다. 잘못됨을 인식하지 못합니다. 미혹된 상태이기 때문입니다.

이런 결혼생활을 하는 사람의 부부관계가 지속될 수 없습니다. 이렇게 신앙 생활하는 사람은 구원받을 수 없습니다.

결국 부부관계가 깨지거나 배교, 즉 하나님을 향하지 않게 됩니다. 그 처참함 가운데서조차 이유를 모릅니다. 하나님의 말씀이 내 삶에 끼워지는 것이 아니라 진리가 되고 전부가 됨으로 회복되는 오늘 되시기를 예수 그리스도의 이름으로 기도드립니다.

"그들이 알지도 못하고 깨닫지도 못함은 그들의 눈이 가려서 보지 못하며 그들의 마음이 어두워져서 깨닫지 못함이니라" (이사야 44:18)

BIBLE
TALK

단단히 해야 할 때

'마약버거, 마약김밥, 마약베개, 맛의 지옥, 지옥피자, 맛의 덫'과 같은 단어를 쉽게 볼 정도로 참 많이 사용합니다. 처음에는 '그렇게 맛있을 까?'라고 생각했지만 언제부터는 불쾌해지기 시작했습니다. 비유로 말하는 것이기는 하지만 마약, 지옥, 덫은 우리 생명과 너무나도 밀접한 관계가 있는 단어들이기 때문입니다.

인터넷에서 몇 년간 마약에 취해 살았다는 20대 얼굴을 본 적이 있었습니다. 눈에 초점이 없을 뿐 아니라 이미 50대에 가까운 얼굴 모습을 하고 있었습니다. 얼마나 맛있어서 마약이라는 단어를 쓰는지 모르 겠지만 마약이라는 단어는 인생을 망치고 가정을 무너뜨리는 너무나도 무서운 것입니다.

지옥은 더합니다. 지옥에 다녀온 사람이 있다면, 지옥을 간접으로라도 경험한 사람이 있다면 너무나도 크게 놀랄 단어입니다. 죄를 해결받지 못한 사람, 그 기회를 간과한 사람, 지옥이란 것이 없다고 여기며 살아간 사람들이 죽지도 못하고 헤어 나오지도 못한 체 끊임없이 고통 받는 곳이 지옥입니다. '맛의 지옥'이라는 것은 그 맛에서 헤어 나올 수 없을 정도로 맛있다는 의미라는 것은 알겠지만 너무나도 섬 뜩한 단어임에는 틀림없습니다.

그럼에도 불구하고 많은 사람들이 아무 생각 없이 그저 비유라며 무서운 단어들을 아주 자연스럽게 받아들입니다. 마약을 판매하고 취해있는 사람들이 제일 반겨할 일입니다. 우리 기쁨과 평안을 빼앗아 멸망의 길로 인도하는 사탄이 가장 좋아할 일이 벌어지고 있습니다.

아마도 사탄이 놓은 덫을 덥석 물어버린 것은 아닐지 생각해봅니다.

단어 하나의 뉘앙스로도 서로 간 이해가 맞지 않아 싸우는 경우도 생기고 법정에서 시비를 가려야 하는 일도 발생할 정도입니다. 일상생활 가운데, 우리 가정에까지 이런 단어들이 아무런 저항도 없이 들어오는 일은 너무나도 심각한 것입니다.

돈이 되는 일이라면 뭐든 합니다. 돈을 얻을 수 있는 일이라면 사람을 죽이는 일도 서슴치 않고 하는 시대입니다. 악한 것들이 우리도 모르게 슬며시 아무렇지도 않은 듯 우리 생각과 마음을 흔드는 것이 생각보다 너무나도 많습니다. 돈이 생명보다 중요하고 마약, 지옥, 덫이라는 것이 너무도 자연스럽게 우리 삶에 들어와 있습니다.

허물과 죄로 죽을 수밖에 없는 우리였지만 십자가의 은혜로 다시 살게 된 우리의 모습이 다시 이전으로 회귀하지 않도록 힘써야 하고 생각과 마음을 단단히 해야 할 때입니다. 세상에 먹히는 것이 아니라 구별된 거룩한 삶을 놓치지 않고 살아가는 오늘 되시기를 예수 그리스도의 이름으로 기도드립니다.

"전에는 우리도 다 그 가운데서 우리 육체의 욕심을 따라 지내며 육체와 마음의 원하는 것을 하여 다른 이들과 같이 본질상 진노의 자녀이었더니" (에베소서 2:3)

성품으로, 인격으로

아리스토텔레스는 이렇게 말했습니다. "사람을 설득하는 데에는 에토스, 파토스 그리고 로고스가 필요하다." 에토스는 신뢰할 수 있는 인격이고 파토스는 감정이며 로고스는 말입니다.

각각의 영향력은 에토스(인격)가 60퍼센트, 파토스(감정)가 30퍼센트, 그리고 로고스(말)는 10퍼센트라고 합니다. 많은 사람들이 말로 사람을 설득하고 변화시키려하지만 그건 고작 10퍼센트 밖에 안 된다는 것입니다.

역으로 생각해본다면 아무 말 하지 않아도 인격이 믿을만하고 감정적으로 공감되면 말을 하지 않아도 설득할 수 있고 설득되어진다는 결론입니다. 아무리 말을 잘해도 공감되지 않으면 설득이 안 되고 아무리 좋은 말을 해주고 공감해줘도 말하고 대하는 사람의 인격, 성품이 좋지 않으면 귀로는 듣고 있어도 설득되지 않는다는 것입니다.

자녀들에게 잔소리할 때, 부부 또는 지인과 대화할 때 말로 무언가를 할 수 있다고 생각하는 것은 큰 오산입니다. 열심히 살아왔고 겉으로 볼 때 괜찮은 사람, 좋은 사람으로 살아왔지만 내 안에 가득한 죄와 그 죄성을 깨닫게 된 사람, 이를 알게 된 사람은 스스로 감당할 수 없다는 것을 인식하게 됩니다. 이웃을 배려하고 나누며 살아왔고 법을 충실히 지켰더라도 스스로는 알고 있습니다. 자신 안에 다루기 어려운 죄, 스스로 감당할 수 없는 죄성이 얼마나 큰지를 깨닫게 되면 하나님을 찾을 수밖에 없습니다.

그 죄를 예수님이 십자가에 달려 죽으심으로 해결해주셨다는 것을 믿으면 구원을 받습니다. 단번에 죄를 해결할 수 있습니다. 하지만 아직 남은 것이 있습니다. 성화되는 과정입니다. 우리의 신분은 믿음으로, 십자가 은혜로 단 번에 구원받아 하나님의 자녀가 되었지만 우리의 삶의 태도와 모습은 아직 옛 모습 그대로이기 때문입니다.

죄성이 가득한 내가 비워지고 내 안에 그리스도, 십자가를 품고 살아가게 된다면 향을 싼 종이에 향내가 가득 배어 있는 것처럼 우리의 성품, 인격도 변화되어지게 됩니다. 죄를 이겨낼 수 없는 연약함을 인정하고 그 모습 그대로 마음을 하나님께 내어드리고 자아가 아닌 누구보다 나를 사랑하는 예수님을 품고 살아간다면 성화되게 됩니다. 하나님 자녀로서의 형상이 회복되는 것입니다.

복된 소식을 전하는 것도, 어떤 누구와 대화를 해도, 설득하려고 하지 않아도 말에 인격, 공감이 담겨 전달되어 통하게 되는 것입니다. 한 번에 이루어지는 것이 아닌 내가 품고 살아온 그 삶의 흔적만큼, 향에 오래 머무른 만큼, 순종하며 동행한 것만큼, 십자가의 은혜를 경험한 깊이만큼 인격, 성품이 만들어지는 것입니다.

우리를 구원하시는 하나님의 사랑, 끝까지 변하지 않는 사랑, 나를 위해 하나뿐인 아들을 내어주신 신실하신 그 사랑이 영혼과 삶의 모습 가운데 가득 채워지는 오늘 되시기를 예수 그리스도의 이름으로 기도드립니다.

"내가 그리스도와 함께 십자가에 못 박혔나니 그런즉 이제는 내가 사는 것이 아니요 오직 내 안에 그리스도께서 사시는 것이라 이제 내가 육체 가운데 사는 것은 나를 사랑하사 나를 위하여 자기 자신을 버리신 하나님의 아들을 믿는 믿음 안에서 사는 것이라" (갈라디아서 2:20)

입술의 문을 지키소서

서로 이야기하다가 마음 격해지면 하게 되는 말이 있습니다. "내가 이것만큼은 말하지 않으려고 했는데 말이지!" 이런 말은 해서는 안 되는 말입니다. 화해할 때는 이렇게 말합니다. "내가 제정신이 아니었나봐. 그 말이 내 마음이 아닌 건 알지? 미안해"

하지 않으려고 했던 말 때문에 관계가 회복불능이 될 때도 있습니다. 하지만 실수가 아닙니다. 그 말은 이전부터 내가 은밀하게 했던 생각에서 나오기 때문입니다. 그 생각은 반복되고 선택되어져 내 마음에 담긴 것입니다. 언제든 나올 수 있는 말이었을 뿐, 화가 난 그 날 터져 나온 것입니다.

'말 한마디에 천 냥 빚을 갚는다.'는 속담은 실제입니다. 고마움을 이야기했기 때문이 아니라 그 말 한마디에 상대방의 진심이 담겨 있기 때문입니다. 그 진심은 늘 내가 생각했던 것이고 마음에 담겨 있다 표현하게 된 것입니다. 말은 곧 내 생각입니다. 그 생각은 내 마음 속에 담겨져 있습니다. 결국 내 말은 내 마음에 담겨져 있는 것들이 나오는 것입니다. 생각은 마음입니다.

마음은 내가 원하는 것, 중요하게 생각하는 것, 내 삶의 가치가 되는 것이 담겨 있습니다. 그래서 마음을 생명이라고 말씀하신 것입니다. "모든 지킬 만한 것 중에 더욱 네 마음을 지키라 생명의 근원이 이에서 남이니라"(잠언 4:23)

내 마음에 그리스도의 마음을 품게 된다면 우리 삶에서는 그리스도의 향기가 나게 됩니다. 세속적인 가치를 품고 있다면 우리의 말은 할수록 가벼워지고 좁아질 것입니다. 쾌락과 탐욕만을 찾고 지독한 냄새가 날 것입니다. 내 마음에 품고 있는 것이 곧 내 영성입니다.

그래서 낯선 사람과 몇 마디 말을 나눠보면 어느 정도는 그 사람의 영성과 됨됨이를 알 수 있게 됩니다. 인격과 성품은 말을 통해 드러나게 되기 때문입니다. 내 마음에 무엇을 품고 있는지에 따라서 내 입의 말이 달라지는 것입니다. 어떤 생각을 선택하고 품느냐에 따라서 내 마음에 담겨지는 것이 달라지는 것입니다.

그래서 마귀가 우리를 공격할 때는 늘 생각을 던져줍니다. 불안, 염려, 초조, 근심, 과거, 상처, 두려움을 던져줍니다. 그 생각의 선택은 내가 해야 합니다. 떨쳐버리는 것도 내 선택이 됩니다. 마음에 담겨지는 것이 달라지는 것입니다. 그 선택에 따라 마음에 품는 것이 달라지는 것이고 우리의 말도 달라지는 것입니다. 입에도, 마음에도 파수꾼을 세워야 하는 이유입니다.

내 입에서 나오는 말과 생각, 마음을 점검해보고 돌이키는 오늘 되시기를 예수 그리스도의 이름으로 기도드립니다.

"여호와여 내 입에 파수꾼을 세우시고 내 입술의 문을 지키소서 내 마음이 악한 일에 기울어 죄악을 행하는 자들과 함께 악을 행하지 말게 하시며 그들의 진수성찬을 먹지 말게 하소서" (시편 141:3-4)

마음의 중심

종교개혁자 마르틴 루터는 이렇게 말했습니다. "지금 내 마음에 두고 내가 의지하는 것이 바로 내 하나님이다." 예수님도 이렇게 말씀하셨 습니다. "네 보물 있는 그곳에는 네 마음도 있느니라." 내 마음에 품고 있는 것, 가장 중요하게 여기는 것, 내 삶의 기준이고 중심이 되는 것 이 내가 섬기고 있는 대상입니다.

신앙이라는 것은 이러한 섬김의 중심을 내게서 하나님으로 옮겨오는 일입니다. 나 중심에서 하나님 중심으로, 내 마음에서 예수님의 마음 으로, 내 시선에서 성령님의 시선으로 옮겨오는 일입니다. 그래서 주 신 첫 계명이 나 외에 다른 신을 네게 두지 말라는 당부였던 것입니다.

하나님을 믿는다고 하면서 내 의지가 앞서지는 않습니까?

오직 예수 그리스도라고 고백하면서도 내 마음에는 내가 원하는 것 만 품고 있지 않습니까?

성령님이 원하시는 것이 아닌 내가 원하는 것만을 향하지 않습니까?

마음을 빼앗기는 것, 내 마음을 빼앗는 것이 하나님의 자리를 대신하 는 것입니다. 그것이 중요하다고 여기게 되면 마음을 빼앗기는 줄도 모른 체 하나님을 위한다는 말은 명분으로 전락해버립니다. 마음의 중심에 하나님만 있다고 해도 우상을 섬기는 것이 될 수 있습니다. 하 나님의 존재 자체가 아닌 주실 것에 목을 매고 있다면, 순수함이 아닌 조건이 있다면 그렇습니다. 관계가 아닌 거래입니다.

하나님은 우리와 친밀함의 관계를 원하십니다. 있어도 그만이고 없어도 그만인 것이 아닌 하나님을 향하기를 원합니다. 마음에 선한 것 하나 없어도 그 마음을 하나님께 내어드리는 것을 원하는 것입니다. 돈과 예수님을 선택하라고 하면 어떤 대상을 선택하겠습니까? 라고 물으면 대부분이 예수 그리스도!라고 할 것 같은데 그렇지 않습니다. 농담으로라도 이렇게 묻습니다. "얼만데요?!"

우리의 선택은 마음에 하나님을 중심에 모셔놓음으로 질문이 있기 전에 이미 정해져 있어야 합니다. 듣고 정할 때는 이미 순수함을 잃게 되는 것일 뿐 아니라 중심에 하나님이 없다는 증거가 됩니다. 세상 그 어떤 것도 하나님과 나와의 관계에 있어서는 안 됩니다. 하나님과의 관계 안에서 부부, 자녀 간 뿐 아니라 모든 관계가 단단해지기 때문입니다.

어떤 자리, 어떤 영역, 어떤 상황과 상태에 관계없이 늘 예수 그리스도, 그 십자가의 은혜만을 바라볼 때 이단에 빠지지 않고 내 상처와 세상에 매몰되지 않습니다. 수많은 교회 중 진실한 교회를 분별 할 수 있습니다. 마음의 중심에 있는 것이 내 신앙의 수준이며 무게이며 깊이입니다.

다른 사람의 시선과 세상의 기준에 속지 말고 말씀으로 회복되어 하나님만을 향하는 오늘 되시기를 예수 그리스도의 이름으로 기도드립니다.

"여호와께서 사무엘에게 이르시되 그의 용모와 키를 보지 말라 내가 이미 그를 버렸노라 내가 보는 것은 사람과 같지 아니하니 사람은 외모를 보거니와 나 여호와는 중심을 보느니라 하시더라" (사무엘상 16:7)

교만과 겸손

교만은 정말 무서운 것이며 가장 경계해야 할 것임에도 교만에 대해서 잘 모르는 분들이 의외로 많습니다.

남들보다 있는 것을 자랑하고 잘난 것을 그대로 보여주는 사람을 교만하다고 합니다. 사전을 찾아보면 '잘난 체하는 태도로 겸손함이 없이 건방짐, 거만함'이라고 되어 있습니다. 그래서 우리나라 사람들은 늘 잘한 일도 별 것 아니라고 말합니다. "에이 뭘요~ 별 것 아닌데요. 다른 사람도 잘하는 건데요 뭘." 이것을 겸손이라고 생각합니다.

교만과 겸손에 대한 정의가 필요합니다. 인류의 기원을 찾아보면 아담과 하와의 첫 번째 죄. 교만에서 온 것입니다. 하나님과 같이 되려는 생각, 하나님이 말씀하신 것을 왜곡해 자신이 원하는 것을 취하려는 태도입니다.

결국 교만은 하나님을 인정하지 않는 것이고 내가 원하는 것이 일순위가 될 때 틈타게 되고 자라나게 됩니다. 하나님의 말씀보다 내 생각을 따르고, 하나님의 말씀을 상황에 맞게 내가 해석하며 하나님 편에 서지 않고 하나님을 내 편에 세우려는 것 자체가 교만인 것입니다.

교회를 다니고 하나님을 믿는다면서도 어떤 상황에 놓이게 될 때마다 선택의 기준이 자신 스스로인 사람들이 의외로 굉장히 많습니다. 대다수라고 해도 과언이 아닐 것 같습니다. 하나님의 말씀은 온데간데없습니다. 하나님 말씀은 인용되는 논문의 각주에 지나지 않습니다.

늘 교만으로 넘어지고 실패하게 되는 것을 넘어서기 위해서는 생각하지 말아야 합니다. 하나님의 말씀대로 살아온 시간보다 내 마음대로 살아온 시간이 훨씬 더 길고 깊으며 익숙하기 때문입니다. 생각하는 족족 하나님의 말씀이 아닌 것으로 선택할 가능성이 큽니다.

그래서 해야 할 것이 있습니다. 때마다 떠오르는 생각을 선택하지 말고 붙잡아 기도의 자리로 가지고 나오는 일입니다. 하나님께 맞는 것인지를 여쭙는 일입니다. 하나님의 말씀을 모든 것의 기준으로 삼는 것입니다. 이것이 겸손입니다. 사람 앞에서의 겸손도 필요하지만 하나님 앞에서의 겸손은 필수적인 것입니다. 가장 중요한 것입니다. 겸손한 자만이 하나님께 기도할 수 있고 묻고 의뢰할 수 있기 때문입니다.

"이 정도는 내가 하면 되지 뭘, 이런 것까지 기도하는 건 좀 그렇지. 이렇게 해도 괜찮아. 지금까지 그렇게 해온 건데 새삼스럽게 뭘. 그냥 하면 되는 거지." 지금껏 당연하게 생각해왔던 생각일지라도 하나님 앞에서 교만한 것, 겸손하지 않은 모습과 태도임을 알아야 합니다.

교만은 그저 죄를 짓게 하고 하나님과 멀어지게 하는 것 뿐 아니라 실제적인 것을 가져다줍니다. 패망하게 하고 넘어지게 하며 그 모든 열매를 먹게 하는 일입니다.

교만은 하나님이 아닌 나만을 바라보게 합니다. 약속이 아닌 환경을 보게 합니다. 원망과 불평을 가져옵니다. 교만은 믿음의 눈을 빼앗고 불신앙을 가져옵니다. 교만은 겸손의 자리, 기도의 자리를 빼앗습니다. 교만은 십자가의 은혜와 사랑을 내 것이 아닌 것으로 만들어버립니다.

하나님은 교만한 자를 물리치시고 낮추십니다. 광야와 환란의 자리로 옮겨놓으십니다. 지금껏 살아왔던 교만을 깨닫고 하나님을 향하게끔 만드십니다. 교만은 하나님을 인정하지 않고 대적하는 일이기 때문입니다.

어린 자녀가 늘 엄마, 아빠만을 찾듯 우리 또한 주님만을 바라는 순수하고 겸손한 마음이 회복되는 오늘 되시기를 예수 그리스도의 이름으로 기도드립니다.

> "사람의 마음의 교만은 멸망의 선봉이요 겸손은 존귀의 길잡이니라"
> (잠언 18:12)

BIBLE
TALK

날마다 하늘의 양식
BIBLE TALK ②

· 초판 ㅣ 2022년 12월 1일
· 지은이 ㅣ 이정두

· 기획 및 편집디자인 ㅣ 리테일미디어솔루션(주)
· 펴낸 곳 ㅣ 인더바이블
· 출판 등록번호 ㅣ 제409-2019-000019호
· 출판 등록일자 ㅣ 2019년 3월 28일
· 주소 ㅣ (10120) 경기 김포, 유현로 52, 308호(풍무동)
　　　　TEL: 031-8049-9153　FAX: 0504-323-1231
· 인쇄 ㅣ 삼원 D&P

· 정가 14,000원
· ISBN 979-11-974083-2-8(03230)
· 구입문의 ㅣ 031-906-9191(기독교출판유통)